KB219351

열린다 성경

성전 이야기

열린다 성경 성전 이야기

지은이 | 류모세

초판 발행 | 2009년 7월 17일

22쇄 발행 | 2022. 3. 12

등록번호 | 제3-203호

등록된 곳 | 서울특별시 용산구 서빙고동 95번지

발행처 | 사단법인 두란노서원

영업부 | 2078-3333 FAX 080-749-3705

출판부 | 2078-3477

▌책 값은 뒤표지에 있습니다.

ISBN 978-89-531-1192-9

▌편집부에서 독자의 의견을 기다립니다.

tpress@duranno.com   http://www.Duranno.com

두란노서원은 바울 사도가 3차 전도여행 때 에베소에서 성령 받은 제자들을 따로 세워 하나님의 말씀으로 양육하던 장소입니다. 사도행전 19장 8-20절의 정신에 따라 첫째 목회자를 돕는 사역과 평신도를 훈련시키는 사역, 둘째 세계선교(TIM)와 문서선교(단행본·잡지) 사역, 셋째 예수문화 및 경배와 찬양 사역, 그리고 가정·상담 사역 등을 감당하고 있습니다. 1980년 12월 22일에 창립된 두란노서원은 주님 오실 때까지 이 사역들을 계속할 것입니다.

열린다 성경

성전 이야기

|류모세 지음|

두란노

《열린다 성경》 '성전 이야기'는 예수님의 사역 배경이자 유대인의 삶의 중심이 되는 성전에 대해 다룬 의미 있는 책이다. 성서시대 유대인들의 예배 모습과 더불어 예수님이 바라시던 예배를 보면서, 바쁘고 형식적으로 예배드리는 우리 시대 예배자들이 어떠한 자세를 가져야 하는지 묵상할 수 있었다. 성전을 배경으로 벌어지는 흥미진진한 이야기는 우리를 하나님의 임재와 예배 속으로 빠지게 한다. 매일 새벽 성전에서 드리는 예배를 인생의 축으로 삼고 있는 나로서는 특별히 성전 이야기에 담긴 영적인 의미에 많은 성도들이 눈 뜨게 되기를 기대한다.

문봉주(외교통상부 국내본부 대사)

류모세 선교사의 《열린다 성경》 '식물 이야기'와 '광야 이야기'에 이어서 '성전 이야기'를 대하게 되어 참 기쁘다. 이스라엘 현지에서 사역하며 공부하는 저자가 갖고 있는 탁월한 현장성과 선교 완성에 대한 뜨거운 사명감, 그리고 성경을 사랑하는 마음이 그의 매력적인 유머감각과 함께 어우러져 읽는 이들에게 말할 수 없는 즐거움과 유익을 준다.

유기성(선한목자교회 담임목사)

성경은 보물 상자이자 진수성찬이 가득한 잔칫상이다. 너무나 귀한 메시지가 가득하고 풍성하고 맛있는 은혜가 그 가운데 있다. 그런데 우리는 성경의 참 메시지와 은혜를 놓칠 때가 많다. 성경이 문화라는 옷을 입고 표현되었는데, 우리가 그 문화를 잘 모르기 때문이다. 우리에겐 익숙하지 않지만, 성전은 성경의 사람들에게는 너무나 익숙했던 영적인 현장이었다. 이것을 알지 못하고는 절대로 아브라함의 순종이나 다윗의 부르짖음을 이해할 수 없다. 성전에 담긴 영적인 내용과 의미들을 이해할 때 성경의 참 메시지를 깨닫게 되고 풍성한 은혜를 경험하게 된다.

《열린다 성경》'성전 이야기'는 우리에게 감춰진 보물 상자를 열어 보이고 진수성찬의 참맛을 경험하게 할 것이다.

유진소(ANC 온누리교회 담임목사)

하나님께 예배드리는 거룩한 장소인 성전의 참된 의미를 알게 되었다. 성경이 오늘을 살아가는 우리에게 주는 메시지는 무엇인지, 또 그 메시지에 합당하게 살아가고 있는지를 돌아보는 값진 시간이었다. 이 책을 읽는 모든 독자들이 오늘 우리를 찾아와 위로하시는 주님의 놀라운 사랑과 수

많은 기적을 베푸시는 주님의 역사를 경험하기를, 그리고 영적인 깊이가 더해지기를 희망한다.

이루마(작곡가 겸 피아니스트)

21세기를 사는 우리는 성경을 우리 식으로 읽는다. 그런데도 우리의 오류와 잘못조차 알지 못한다. 그런 우리에게 류모세 선교사는 성경의 겉껍질을 지나 마치 게살을 파내듯 숨어 있는 속살을 파내어 맛보게 해준다. 성전과 절기는 구약의 암호이며, 구약을 압축했을 때 요약되는 개념들이다. 신약에까지 영적인 화학변화를 일으킨다. 그만큼 중요한 성경 전체의 지표다. 《열린다 성경》 '성전 이야기'를 서가에 꽂아 두고 나부터 정독할 생각이다. 김이 모락모락 나는 맛있는 요리를 앞에 두고 있는 기분이다. 군침이 돈다.

이애실(생터성경사역원 대표, 출판사 성경방 대표, 다애교회 사모)

류모세 선교사가 《열린다 성경》 '식물 이야기'와 '광야 이야기'에 이어 또 한 번의 역작 '성전 이야기'로 홈런을 날렸다. 성전 모티프는 성경 이해를 위해 아주 중요하면서도 가장 많이 간과되는 내용이기도 하다. 많은 설교자들이 성전 모티프를 간과하는 이유는 첫째, 이스라엘 전체에서 성전이 차지하는 역사적 중요성을 올바로 이해하지 못하기 때문이고 둘째, 이스라엘 문화에 대한 피상적인 지식 때문이다. 이번에 류모세 선교사 특유의 집요한 분석력으로 파헤친 '성전 이야기'를 통해 하나님의 진리에 한 걸음 더 다가가기 바란다.

이재훈(온누리교회 양재 성전 담당목사)

성전은 그리스도인들에게 구원의 비밀과 그 내용을 이해할 수 있는 결정적인 열쇠를 제공한다. 류모세 선교사의 '성전 이야기'는 성경에 기록된 성전에 관한 모든 구절을 이스라엘 현장에서 설명하고 확인해 주는 매우 친절한 책이다. 무엇보다 저자는 성경에 나타난 모든 장소와 사건, 인물들이 어떻게 효과적으로 예수님의 메시지와 연결되는지, 우리의 구원과 무슨 상관이 있는지를 마치 탐정이 된 듯 명쾌한 논리와 비유로 우리를 설득해 나간다. 그래서 한번 붙들면 손을 놓지 못하게 만든다.

이정숙(횃불트리니티신학대학원대학교 교학처장 및 교회사 교수)

차 례

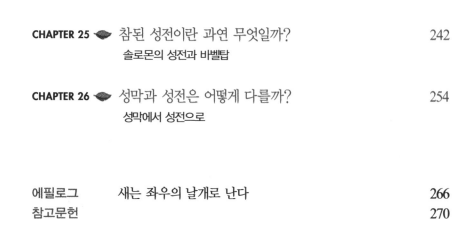

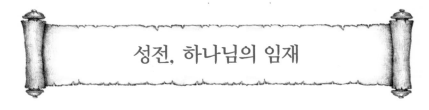

성전, 하나님의 임재

한국에서 세미나를 할 때였다. 세미나를 은혜 가운데 마치고 한국 전통 음식점을 운영하는 권사님에게서 식사 대접을 받았다. 이스라엘에 살면서 가장 힘든 것이 바로 한국 음식에 대한 향수병이었는데, 그날의 한끼 식사로 향수병이 상당 부분 치유된 것 같았다.

그런데 문제가 생겼다. 우습게도 식사를 마치고 후식으로 나온 누룽지를 먹다가 어금니에 박아 넣은 금니가 떨어지고 만 것이다. 빨리 붙여 넣지 않으면 비싼 금니를 다시 해 넣어야 했기에 세미나를 인도한 교회의 집사님이 운영하는 치과를 급하게 찾았다.

목사님이 이스라엘에서 온 선교사라고 나를 소개하자 그 치과의사 집사님은 기다렸다는 듯이 두 가지 질문을 했다.

"이스라엘 사람들은 아직도 양과 염소를 잡아 제사를 드리나요?"

"이스라엘에는 아직도 열두 지파가 있나요?"

세미나를 다닐 때면 자주 듣는 질문들이다. 많은 분들이 궁금해하는 질문이지만, 사실 조금만 생각해 보면 이보다 더 '엉뚱한' 질문도 없다.

성경 이야기의 대부분은 '이스라엘'에 대해 다루고 있지만, 우리가 알고 있는 이스라엘은 신약시대의 범위를 벗어나지 못하는 것 같다. 우리는 흔히 이스라엘을 중동 지역의 '갈등의 핵'이자 팔레스타인과 끊임없이 전쟁을 치르는 조그마한 나라라고 생각한다. 어찌 보면 그 모습이 전부인 것처럼 보인다.

이스라엘은 70년 로마에 의해 성전이 파괴된 후 2000년 동안 전 세계로 흩어진 '디아스포라'로 떠돌며 살았다. 그러나 우리는 성경에 등장하는 이스라엘과 현대 이스라엘 사이의 역사적 시간인 2000년을 알지 못한다. 우리가 '잃어버린 이스라엘의 2000년'을 어디에서 들을 수 있었겠는가? 설교 시간에도 들을 수 없고, 학교에서 배우는 세계사 시간에도 들어 본 적이 없다. 간혹 설교 중에 로마 장군 디도(Titus)에 의해 예루살렘 성전이 무너졌다는 말을 스치듯 듣긴 하지만, 그것으로 잃어버린 이스라엘의 2000년을 설명하지는 못한다. 그런 면에서 치과의사 집사님의 질문은 이스라엘에 대한 우리의 지식과 관심의 현주소라고 할 수 있겠다.

성서시대 유대인들의 문화와 풍습에 대한 배경 지식을 통해 성경을 새롭게 이해하는 〈열린다 성경〉 시리즈의 3권을 '성전 이야기'로 잡은 데는 몇 가지 이유가 있다.

첫째, 성서시대 유대인들에게 성전의 중요성은 우리의 상상을 초월한다. 유대인들의 삶은 한마디로 예루살렘 성전을 중심으로 한 제의적 공동체였다. 이러한 성전의 역할은 단지 성전(또는 성막)에서 드리는 제사법을 다룬 레위기에서만 강조된 것이 아니다. 우리가 느끼지 못해서 그렇지 신약성경을 이해하는 데도 성전과 관련된 배경 지식이 반드시 필요하다.

몇 가지 예를 들어 보자.

> 그러므로 구제할 때에 외식하는 자가 사람에게서 영광을 받으려고
> 회당과 거리에서 하는 것같이 너희 앞에 나팔을 불지 말라 진실로
> 너희에게 이르노니 그들은 자기 상을 이미 받았느니라 _마 6:2

예수님은 구제헌금을 한 후에 왜 나팔을 불지 말라고 경고하셨을까?
구제헌금과 나팔은 무슨 관련이 있는 걸까? 이 질문은 성전의 '여인의
뜰'에 있는 연보궤(헌금함)의 구조를 알아야 대답할 수 있다.

> 그가 나와서 그들에게 말을 못하니 백성들이 그가 성전 안에서 환
> 상을 본 줄 알았더라 그가 몸짓으로 뜻을 표시하며 그냥 말 못하는
> 대로 있더니 _눅 1:22

분향하러 성소에 들어간 세례 요한의 아버지 사가랴는 천사를 만난
후 벙어리가 되었다. 그러면 백성은 사가랴가 벙어리가 된 것을 어떻게
눈치챘을까? 이 질문은 아침부터 저녁까지 성전의 하루가 어떻게 흐르는
지를 알아야 대답할 수 있다.

둘째, 성막을 다룬 책은 많지만 성전에 대해서 구체적으로 다룬 책은
아직 소개되지 않았다. 이스라엘 백성이 광야 생활을 할 때 하나님은 성
막을 통해 예배하게 하셨다. 성막은 광야의 유랑 생활에 걸맞게 텐트로
만들어진 이동 가능(portable)한 임시 건물이었다. 하지만 약속의 땅인 가

나안에 들어가서는 하나님이 예비하신 처소인 예루살렘에 고정적인 건물인 성전이 세워졌다.

성막은 최종적 완성물인 성전으로 향하는 과도기에 세워진 임시 가건물의 성격이 강했다. 즉 하나님의 임재를 상징하는 성막은 성전을 통해 그 의미가 확대되고 완성된 것이다. 성막에 대한 이해를 넘어서 성막과 성전의 유사점과 차이점 등을 이해하고 나면 성막에 대한 우리의 지식이 더욱 탄탄해질 수 있다.

셋째, 성전은 하나님의 임재를 상징하는 곳으로 유한한 인간이 영원하신 하나님께 나아갈 수 있는 로드맵을 제공해 준다. 시대마다 그리스도인들의 영적인 코드가 있는데, 요사이 한국 그리스도인들의 코드는 '예배'에 있는 것 같다. 우연찮게 기독교 서적 베스트셀러 순위에 오른 책들을 보게 되었는데, 예배 드림, 성령 세례, 하나님의 임재, 하나님의 음성을 듣는 법과 관련된 책이 많았다.

하나님은 그리스도인 한 사람 한 사람을 예배자로 부르셨다. 그런 의미에서 최근에 한국 교계에 부는 영적인 코드는 바람직한 현상이라고 생각한다. 하나님의 임재 속에 들어가 예배가 완성되는 장소인 성전을 이해하게 되면 '예배 드림'에 대한 영적인 코드를 더욱 체계화할 수 있을 것이다.

넷째, 성전은 예수님의 행적을 다룬 사복음서의 중요한 공간적 배경이다. 사복음서의 이야기가 가장 빈번하게 일어난 현장을 크게 세 군데로 압축한다면, 가버나움, 고라신, 벳새다로 연결되는 게네사렛 평야와 베다니에서 예루살렘으로 향하는 길 그리고 성전이다. 특히 갈릴리에서 사역하신 예수님은 유월절, 초막절과 같은 절기가 되면 거의 예외 없이 예루살렘 성전을 방문하셨다.

사복음서에서 성전을 배경으로 벌어지는 이야기들은 성전의 구조를 알아야 제대로 이해할 수 있다.

〈열린다 성경〉 시리즈의 4권은 '절기 이야기'를 다룰 예정이다. 이 책 '성전 이야기'를 통해 성전의 구조를 이해하고, 4권 '절기 이야기'를 통해 절기에 나타난 구속의 파노라마를 읽고 나면 복음서의 이야기가 훨씬 더 생동감 있게 다가올 것이다.

이제 하나님의 임재를 상징하는 성전, 가장 거룩한 장소인 지성소의 현장으로 들어가 보자.

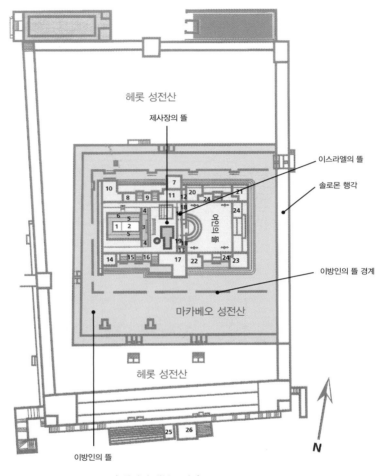

헤롯 성전산

제사장의 뜰

이스라엘의 뜰

솔로몬 행각

이방인의 뜰 경계

마카베오 성전산

헤롯 성전산

이방인의 뜰

N

〈 성전의 내부 모습 〉

1. 지성소 2. 성소 3. 성소 입구 4. 성전 기명들의 챔버 5. 사이드 챔버 6. 성소 지붕으로 올라가는 계단 7. 휘장 챔버 8. 양 챔버 9. 가죽 챔버 10. 본부 챔버 11. 파르바 챔버 12. 비느하스 챔버 13. 진설병 챔버 14. 스톤 챔버 15. 포로 챔버 16. 골라 챔버 17. 다듬은 돌 챔버 18. 이스라엘의 방 19. 제사장의 방 20. 나병환자 챔버 21. 목재 챔버 22. 포도주와 올리브 기름 챔버 23. 나실인 챔버 24. 연보궤 25. 정결탕 26. 행정건물(23명이 모인 공회원 건물)

CHAPTER

성전이 모리아 산에 세워진 이유는 무엇일까?

성전의 역사

해외 뉴스에서 심심찮게 등장하는 중동 분쟁에 관심을 갖고 지켜본 독자라면, '성전산'이 언급되는 것을 보았을 것이다. '성전산'은 이스라엘과 팔레스타인 간의 평화 협상에서 가장 '뜨거운 감자'다.

성전산은 말 그대로 하나님의 임재를 상징하는 '성전이 세워진 산'을 가리킨다. '산'이라고 하지만 주변보다 지형이 약간 올라간 언덕에 불과하다. 바로 이곳에 솔로몬 성전, 스룹바벨 성전, 헤롯 성전이 세워졌고, 현재는 황금 돔 사원으로 불리는 이슬람 사원이 자리잡고 있다.

성경 전체에서 이 '성전산'에 얽힌 역사를 가장 잘 설명하고 있는 말씀이 역대하 3장 1절이다.

> 솔로몬이 예루살렘 모리아 산에 여호와의 전 건축하기를 시작하니 그곳은 전에 여호와께서 그 아버지 다윗에게 나타나신 곳이요 여부스 사람 오르난의 타작 마당에 다윗이 정한 곳이라 _대하 3:1

역대기 저자는 솔로몬의 성전 건축에 대해 기록하면서 성전이 세워진 성전산에 얽힌 두 가지 역사적인 사건을 언급하고 있다.

첫째, 솔로몬이 성전을 건축한 자리는 아브라함이 이삭을 번제로 바치려고 했던 모리아 산이다.

둘째, 솔로몬이 성전을 건축한 자리는 다윗이 여부스 사람 오르난으로부터 산 타작마당으로서 다윗 때에 이미 성전이 들어설 자리로 예비된 곳이다.

🏺 아브라함의 순종과 성전의 관계

성경에서 역대하 본문 이외에 모리아 산이 언급된 곳은 아브라함이 이삭을 바치는 장면인 창세기 22장이 유일하다.

> 여호와께서 이르시되 네 아들 네 사랑하는 독자 이삭을 데리고 모리아 땅으로 가서 내가 네게 일러 준 한 산 거기서 그를 번제로 드리라
>
> _창 22:2

모리아 산은 하나님이 아브라함에게 독자 이삭을 바치도록 특별히 지정하신 장소다. 역대기 저자는 바로 그러한 장소에 수백 년 후에 성전이 세워진 사실을 말하고 있다. 아브라함이 이삭을 바친 모리아 산에 성전이 세워진 것은 단지 역사의 우연일까? 아브라함이 이삭을 바친 곳과 성전은 어떤 관련이 있는 것일까?

아브라함이 이삭을 번제로 바치도록 명령을 받은 곳은 브엘세바였다. 그토록 기다리던 약속의 자녀인 이삭을 얻고, 또한 육신의 자녀인 이스마엘로 인한 가족 내의 불화도 말끔하게 해결한 아브라함은 브엘세바에서 평안한 삶을 누리고 있었다. 이때 아브라함의 입에서 나오는 찬송은 하나밖에 없었다.

"내 영혼 평안해, 내 영혼, 내 영혼 평안해……."

그런데 이런 아브라함에게 청천벽력과 같은 명령이 내려졌다. 천신만고 끝에 얻은 독자 이삭을 번제로 바치라는 명령이었다. 아브라함은 하

나님의 약속의 말씀(창 15:4-5)과 이삭을 바치라는 명령(창 22:2)을 놓고 고민하지 않을 수 없었다.

여호와의 말씀이 그에게 임하여 이르시되 그 사람이 네 상속자가 아니라 네 몸에서 날 자가 네 상속자가 되리라 하시고 그를 이끌고 밖으로 나가 이르시되 하늘을 우러러 뭇별을 셀 수 있나 보라 또 그에게 이르시되 네 자손이 이와 같으리라 _창 15:4-5

여호와께서 이르시되 네 아들 네 사랑하는 독자 이삭을 데리고 모리아 땅으로 가서 내가 네게 일러 준 한 산 거기서 그를 번제로 드리라 _창 22:2

'이삭을 번제로 바치라'는 명령은 '그를 통해 자손을 이어 가리라'는 약속의 말씀과 확실하게 모순되었다. 아브라함은 이 상충되는 두 말씀을 놓고 고민하고 또 고민해야 했다. 그리고 묵상하는 가운데 한 가지 놀라운 믿음의 결론에 이르렀다. 비록 하나님의 말씀에 순종해 이삭을 번제로 바치더라도 '신실하신' 하나님께서 약속의 말씀을 이루시기 위해 죽은 아들을 '다시 살리실' 것을 믿었던 것이다. 이러한 아브라함의 믿음을 히브리서 저자는 이렇게 기록하고 있다.

아브라함은 시험을 받을 때에 믿음으로 이삭을 드렸으니 그는 약속들을 받은 자로되 그 외아들을 드렸느니라 그에게 이미 말씀하시기를 네 자손이라 칭할 자는 이삭으로 말미암으리라 하셨으니 그가 하나님이 능히 이삭을 죽은 자 가운데서 다시 살리실 줄로 생각한지라 비유컨대 그를 죽은 자 가운데서 도로 받은 것이니라 _히 11:17-19

모리아 산은 아브라함이 독자 이삭의 죽음과 부활을 본 곳이었다. 이런 믿음의 결론을 얻어 낸 아브라함은 아침 일찍 모든 채비를 갖추고 모리아 산으로 향했다. 브엘세바에서 모리아 산이 있는 예루살렘까지는 '3일 길'이었다.

아브라함이 아침에 일찍이 일어나 나귀에 안장을 지우고 두 종과 그

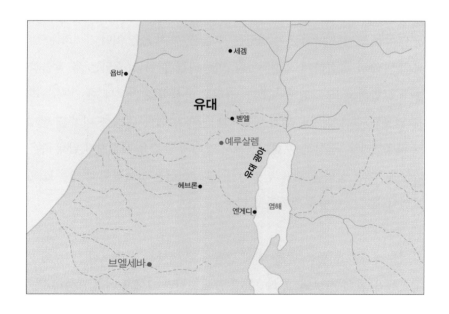

의 아들 이삭을 데리고 번제에 쓸 나무를 쪼개어 가지고 떠나 하나님이 자기에게 일러 주신 곳으로 가더니 제삼일에 아브라함이 눈을 들어 그곳을 멀리 바라본지라 _창 22:3-4

브엘세바를 떠난 아브라함은 이미 하나님의 명령에 순종하기로 결단했다. 브엘세바에서 모리아 산으로 향하는 3일 길의 여정 동안 아버지 아브라함의 마음속에서 외아들 이삭은 이미 죽었다. 그는 브엘세바의 집을 떠나는 순간 이삭을 바치기로 결단했던 것이다. 이는 모리아 산에 도착하자마자 보인 아브라함의 주저함 없는 행동을 통해 잘 알 수 있다.

아브라함은 묵묵히 제단을 쌓고 나무를 벌여 놓고는 이삭을 결박해 나무 위에 올려놓았다. 그리고 아무 주저함 없이 칼로 아들을 내리치려 했다. 그는 '혹시나' 하는 요행을 바라며 '이쯤에서 하나님이 멈추라는 사인이 내려야 하는데……' 하면서 미적대지 않았다.

이제 급해진 분은 하나님이었다. 하늘에서 여호와의 사자가 급히 내려왔고 "아브라함아, 아브라함아" 하며 이름을 연달아 부르며 그를 저지하고 나선 것이다.

여호와의 사자가 하늘에서부터 그를 불러 이르시되 아브라함아 아브라함아 하시는지라 아브라함이 이르되 내가 여기 있나이다 하매

_창 22:11

하나님은 독자 이삭 대신에 뿔이 수풀에 걸린 숫양을 바치게 했다. 이

로써 시험을 종결하셨고 아브라함은 그 시험을 당당히 통과했다. 그러나 이 사건 속에는 겉으로 드러나지 않은 엄청난 메시지가 숨어 있다.

아브라함이 독자 이삭을 번제로 바치려는 사건은 하나님이 단순히 아브라함 한 사람의 믿음을 테스트한 사건만이 아니다. 이것은 바로 하나님의 구속 사역에 대한 가장 강력한 예표요 그림자로 이해해야 한다. 이 사건은 하나님이 독생자 예수 그리스도를 죽이심으로 인류를 구원하시려는 계획을 가장 극적으로 계시하신 사건이기 때문이다.

이 사건은 실전이 아니고 '시뮬레이션'이기 때문에 이삭을 대체할 숫양이 있었지만, 예수님의 죽으심은 '실전'(實戰)이었기 때문에 예수님의 절규에 가까운 기도에도 예수님을 대체할 다른 숫양이 없었다.

> 제구시에 예수께서 크게 소리 지르시되 엘리 엘리 라마 사박다니 하시니 이를 번역하면 나의 하나님, 나의 하나님 어찌하여 나를 버리셨나이까 하는 뜻이라 _막 15:34

하나님의 구속사적 관점에서 아브라함이 독자 이삭을 바치는 사건의 중요성을 이해할 때, 모리아 산에 성전이 세워진 것은 단순한 우연의 일치가 아니다. 독생자 예수 그리스도를 통해 이루어질 하나님의 구원 계획은 모리아 산에서 드려질 뻔했던 독자 이삭을 통해 잘 드러났고, 이러한 역사적인 장소에 하나님은 자신의 임재의 상징인 성전의 기초를 놓으신 것이다.

유대인들의 성서 주석인 〈미드라쉬〉는 아브라함이 이삭을 바치려는 본문에 주석을 달면서 성전과 관련된 보다 구체적인 설명을 덧붙이고 있다. 바로 아브라함이 이삭을 번제로 바치려고 할 때 수백 년 후에 그곳에 세워질 성전에 대한 환상을 보았다는 것이다.

이뿐 아니라 성전이 세워질 모리아 산에 대한 유대인들의 특별한 해석은 천지창조까지 거슬러 올라간다.

〈미드라쉬〉는 하나님이 창조 여섯째 날 흙으로 아담을 만들 때도 훗날 성전이 세워질 모리아 산에서 흙을 취해 아담을 창조했다고 말한다.

여호와 하나님이 땅의 흙으로 사람을 지으시고 생기를 그 코에 불어 넣으시니 사람이 생령이 되니라 _창 2:7

그리고 이튿날인 안식일에 아담은 모리아 산에 제단을 쌓아 제사를 드렸고 '안식일의 노래'인 시편 92편을 지었다고 말한다.

지존자여 십현금과 비파와 수금으로 여호와께 감사하며 주의 이름을 찬양하고 아침마다 주의 인자하심을 알리며 밤마다 주의 성실하심을 베풂이 좋으니이다 _시 92:1-3

방주에서 나온 노아 역시 가장 먼저 제단을 쌓고 제사를 드렸는데, 〈미드라쉬〉는 이곳 역시 모리아 산이라고 말한다.

노아가 여호와께 제단을 쌓고 모든 정결한 짐승과 모든 정결한 새

중에서 제물을 취하여 번제로 제단에 드렸더니 _창 8:20

모리아 산과 관련된 유대인들의 이런 독특한 해석은 성전이 예루살렘
의 모리아 산에 세워질 수밖에 없는 설득력 있는 이유들을 제시한 것이
라고 하겠다.

🏺 다윗은 왜 오르난의 타작마당에 성전을 지으려 했을까?

솔로몬이 성전을 세운 장소는 아브라함이 이삭을 바친 모리아 산이자
동시에 그의 아버지 다윗이 여부스 사람 오르난(또는 아라우나)한테서 은
50세겔을 주고 산 곳이기도 하다.

> 왕이 아라우나에게 이르되 그렇지 아니하다 내가 값을 주고 네게서
> 사리라 값 없이는 내 하나님 여호와께 번제를 드리지 아니하리라 하
> 고 다윗이 은 오십 세겔로 타작마당과 소를 사고 _삼하 24:24

다윗은 통치 말년에 요압과 중신들의 만류에도 불구하고 인구조사를
강행하다가 하나님의 징계를 받아 온 이스라엘에 역병이 돌아 7만 명이
죽는 불행을 겪게 되었다. 이때 다윗은 선지자 갓의 충고를 좇아 여부스
사람 오르난의 타작마당을 사서 번제를 드렸다. 이때 놀랍게도 전국을

휩쓸던 역병이 멈추었다. 바로 그러한 역사적인 장소에 다윗은 성전을 짓고자 했고 그 임무를 완수한 사람이 솔로몬이다.

> 그곳에서 여호와를 위하여 제단을 쌓고 번제와 화목제를 드렸더니 이에 여호와께서 그 땅을 위한 기도를 들으시매 이스라엘에게 내리는 재앙이 그쳤더라 _삼하 24:25

이스라엘의 중심부에 위치한 여부스는 다윗 때까지 이스라엘에 정복되지 않은 가나안 성읍이었다. 여부스 성을 정복해 다윗 성으로 이름을 바꾸고 이스라엘의 수도로 삼은 것은 다윗 왕의 최고 업적이었다.

다윗은 20년 동안 기럇여아림에 안치되어 있던 법궤를 다윗 성으로 옮겨 왔고, 이로써 다윗 성은 명실상부한 정치적, 종교적인 수도인 '예루살렘'으로서 이스라엘 역사의 한 페이지로 들어오게 되었다.

그러면 다윗은 왜 타작마당 자리에 성전을 세우려고 했을까? 이는 가나안 원주민들이 섬기던 바알 신과 관련이 있다. 농경 문화의 가나안 원주민들은 도시를 세울 때 가장 높은 곳에 타작마당을 만들었다. 그리고 타작마당 옆에 바알 신전을 만들어 풍성한 수확을 가져다 준 바알 신을 숭배했다.

이스라엘이 가나안 땅에 들어오기 전에 가나안 땅 최고의 신은 뭐니뭐니해도 바알이었다. 그리고 바알이 숭배받던 신전이 있던 곳이 타작마당이었다. 바로 그러한 장소에 여호와의 성전이 들어선 것이다. 당연히 바알 신전은 파괴되었을 것이고 그 자리를 성전이 대체한 것이다. 이는 농

오르난의 타작마당에서 희생제사를 드리는 다윗

경 문화가 자리잡은 가나안 땅에서 일어난 최고의 혁명이었다.

🏺 예수님의 활동 무대인 헤롯 성전

아브라함이 이삭을 번제로 드리려 했고 다윗이 가나안 우상인 바알 신전을 부수고 번제를 드린 그 자리에 솔로몬 왕이 7년의 공사 끝에 성전을 완공했다(기원전 960년). 그러나 바벨론의 느부갓네살 왕에 의해 유다가 멸망당할 때 솔로몬 성전은 완전히 파괴되었다(기원전 586년). 유대인들은 성전을 중심으로 역사를 나누는데 이때를 '1차 성전시대'라고 부른다(기원전 960~586년).

바벨론 포로 생활을 거쳐 페르시아의 통치로 넘어가면서 유대인들은 본토 귀환이 허락되었고, 결국 똑같은 모리아 산에 스룹바벨 성전이 세워지게 되었다(기원전 515년). 그러나 솔로몬 성전의 영광을 보았던 세대들에게 스룹바벨 성전은 실로 초라하고 보잘것없었다. 심지어 스룹바벨 성전을 봉헌하면서 대성통곡하는 사람도 있었다.

> 너희 가운데에 남아 있는 자 중에서 이 성전의 이전 영광을 본 자가 누구냐 이제 이것이 너희에게 어떻게 보이느냐 이것이 너희 눈에 보잘것없지 아니하냐 _학 2:3

제사장들과 레위 사람들과 나이 많은 족장들은 첫 성전을 보았으

므로 이제 이 성전의 기초가 놓임을 보고 대성통곡하였으나 여러 사
람은 기쁨으로 크게 함성을 지르니 _스 3:12

초라한 스룹바벨 성전을 이전의 솔로몬 성전보다 더 휘황찬란하게 리
노베이션한 사람이 바로 헤롯 대왕(기원전 37~4년)이다. 유대인들이 멸시
하던 에돔 출신이지만 로마를 등에 업고 유대인의 왕이 된 헤롯은, 유대
인의 환심을 사기 위해 기원전 18년부터 시작해 무려 46년간 스룹바벨
성전을 증축했다. 이 성전이 바로 예수님이 유대인의 명절 때마다 출입하
시고 타락한 모습에 분개해서 깨끗하게 하신 헤롯 성전이다.

예수께서 대답하여 이르시되 너희가 이 성전을 헐라 내가 사흘 동안
에 일으키리라 유대인들이 이르되 이 성전은 사십육 년 동안에 지었
거늘 네가 삼 일 동안에 일으키겠느냐 하더라 _요 2:19-20

오늘날 태어났다면 세계적인 건축가가 되었을 헤롯이 남긴 건축물들
은 하나같이 당대 최고의 것이었다. 헤롯 성전의 아름다움은 당시 랍비
들의 찬사를 통해서도 알 수 있다.

헤롯 성전을 보지 못한 사람은 당대 최고로 아름다운 건물을 보지
못한 것이다.

헤롯 성전의 아름다움은 복음서에 나타난 제자들의 감탄사를 통해서

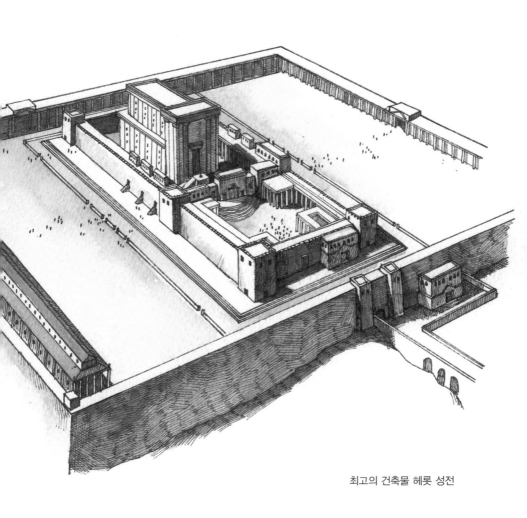

최고의 건축물 헤롯 성전

도 확인된다.

> 예수께서 성전에서 나가실 때에 제자 중 하나가 이르되 선생님이여
> 보소서 이 돌들이 어떠하며 이 건물들이 어떠하니이까 _막 13:1

그러나 모리아 산 위에서 최고의 위용을 자랑하던 헤롯 성전도 예수님의 예언대로 결국 70년 로마 장군 디도(Titus)에 의해 완전히 파괴되고 만다.

> 예수께서 이르시되 네가 이 큰 건물들을 보느냐 돌 하나도 돌 위에
> 남지 않고 다 무너뜨려지리라 하시니라 _막 13:2

스룹바벨 성전이 세워진 기원전 515년부터 헤롯 성전이 파괴된 70년 까지를 유대 역사는 '2차 성전시대'로 부른다. 스룹바벨 성전과 헤롯 성 전을 같은 2차 성전으로 부르는 특별한 이유가 있다. 이는 헤롯이 스룹 바벨 성전을 증축한 46의 기간 동안 아침 저녁으로 매일 드리는 상번 제가 한 번도 멈춘 적이 없었기 때문이다. 그러므로 헤롯 성전은 스룹바 벨 성전의 연속선상에 있는 것이다.

🏺 세계 종교의 중심, 성전산

헤롯 성전이 무너진 모리아 산은 수백 년간 폐허 상태로 있었다. 그러

로마군에 의해 파괴된 헤롯 성전

이슬람의 황금 돔 사원

다가 이슬람 전사들이 예루살렘을 점령하면서(638년) 7세기 말에 이슬람 사원이 세워졌다. 이것이 바로 황금 돔 사원으로 불리는 이슬람교의 3대 성지 중 하나다. 하나님의 임재로 충만했던 성전은 더이상 현대 예루살렘의 상징이 아니다. 이슬람의 성지인 황금 돔 사원이 시온 예루살렘의 상징이 된 역사적 아이러니는 이렇게 탄생한 것이다. 이런 역사적 배경을 모르는 많은 순례자들이 이슬람 사원인 황금 돔 사원을 '성전'으로 오해하는 경우가 간혹 있다.

성전이 있던 모리아 산, 현재는 이슬람의 황금 돔 사원이 있는 그곳은 '성전산'(Temple Mount)으로 불리며 세계 주요 언론의 헤드라인을 장식한다. 바로 기독교, 유대교, 이슬람 교도들의 관심이 집중된 곳이기도 하다.

유대인들은 이곳을 '지구의 배꼽'으로 표현한다. 서울 강남의 땅값이 비싸다고 하지만, 전 세계에서 가장 땅값이 비싼 곳, 아니 아무리 비싼 돈을 주고도 살 수 없는 땅이 바로 이 성전산일 것이다.

CHAPTER

시온 산에 올라가는 기쁨을 어떻게 표현했을까?

지성소로 향하는 10단계의 거룩한 장소

🏺 세계의 중심 예루살렘

유대인들은 성전이 있던 예루살렘을 전 세계의 중심이라고 하면서 다음과 같이 표현한다.

세계의 중심은 이스라엘이다.
이스라엘의 중심은 예루살렘이다.
예루살렘의 중심은 성전이다.
성전의 중심은 지성소다.
지성소의 중심은 법궤다.
그리고 법궤의 중심은 십계명이다.

이러한 유대인들의 선민의식과 영적인 우월감은 현대 이스라엘에 살면서 이들과 접해야 하는 많은 이방인들을 때로는 당혹스럽게 하고 때로는 힘들게 하기도 한다.

선민의식 때문인지 유대인들은 스스로를 '세계 최고'라고 으스대기를 좋아한다. 예수 믿는 유대인 할머니 사라를 정기적으로 치료해 주던 중 할머니의 딸인 미리암이 우리 집을 방문한 적이 있다. 내 기억이 맞다면 2004년 아테네 올림픽의 열기가 후끈 달아오르던 때였는데, 마침 이스라엘이 유도에서 은메달을 하나 땄다. 미리암은 대뜸 으스대며 자랑을 늘어놓았다.

"닥터 류, 이스라엘이 유도에서 세계 최강국인 거 알고 있어요? 이번에

아깝게 금메달을 놓쳤지만…… 혹시 한국에서도 유도를 합니까?"

유도의 종주국은 일본이지만 한때 종주국 일본을 위협하며 유도에서 더 많은 금메달을 딴 나라가 한국임을 미리암은 전혀 모르는 것 같았다. 사실 이런 질문을 받으면 할 말을 잊고 멍하게 상대방을 바라볼 수밖에 없다.

예루살렘에 'Jerusalem Mall'이라는 큰 쇼핑몰이 있는데, 그곳에서 우연히 마주친 한 유대인 친구는 내게 이렇게 물었다.

"너희 한국에도 이렇게 큰 백화점이 있냐?"

사실 3층밖에 안 되는 이 백화점은 한국으로 치자면 조그만 쇼핑몰 축에도 들지 않는다.

이스라엘의 한국 대사관 초청으로 한국을 일주일간 방문하고 돌아온 이스라엘의 유력 일간지 〈마아리브〉의 기자를 유대인의 안식일 모임에서 만난 적이 있다. 이 기자는 한국을 방문하고 나서 눈이 휘둥그레지고 입이 떡 벌어진 얘기를 쏟아놓았는데, 특히 명동의 롯데백화점 얘기만 1시간가량 했다. 이 친구에게 예루살렘 쇼핑몰에서 만난 유대인 얘기를 해 주었더니, 그는 유대인들의 허풍과 과장에 대해서 또다시 1시간 정도 너스레를 떨었다.

어느 민족이나 자기 민족을 세계의 중심으로 놓고 후손에게 자국의 역사를 가르치지만, 유대인들의 경우 단순한 '민족우월주의'로 볼 수 없는 성경적인 근거가 있다. 율법이 선포되고 여호와의 말씀이 나오는 전 세계의 중심으로서 예루살렘은 하나님이 기뻐하시는 '헵시바'요 '뿔라'이기 때문이다.

많은 백성이 가며 이르기를 오라 우리가 여호와의 산에 오르며 야곱의 하나님의 전에 이르자 그가 그의 길을 우리에게 가르치실 것이라 우리가 그 길로 행하리라 하리니 이는 율법이 시온에서부터 나올 것이요 여호와의 말씀이 예루살렘에서부터 나올 것임이니라 _사 2:3

다시는 너를 버림 받은 자라 부르지 아니하며 다시는 네 땅을 황무지라 부르지 아니하고 오직 너를 헵시바라 하며 네 땅을 쁄라라 하리니 이는 여호와께서 너를 기뻐하실 것이며 네 땅이 결혼한 것처럼 될 것임이라 _사 62:4

🏺 지성소를 향하여……

유대 문헌인 〈미쉬나〉는 하나님의 임재가 있는 시온 산(예루살렘)으로 향하는 10단계를 묘사하고 있다. 이것은 법궤가 있는 지성소에서 절정에 이르는데, 지성소에 점점 가까이 갈수록 더 거룩한 장소이기 때문에 순례자에게는 더욱 엄격한 정결례가 요구되었다.

1단계_이스라엘 땅

전 세계로 흩어진 디아스포라 유대인들보다 성지 이스라엘에 사는 유대인들이 더 많은 복을 누렸다. 성전에 바치는 첫 열매는 성지 이스라엘에서 수확된 농산물만 바칠 수 있었기 때문이다. 유대인들의 이러한 사

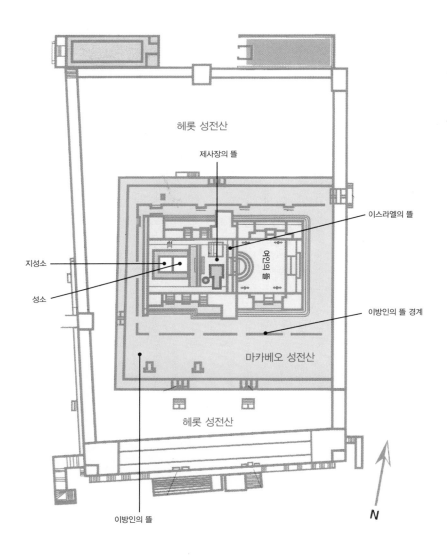

헤롯 성전산

제사장의 뜰

이스라엘의 뜰

지성소

성소

여인의 뜰

이방인의 뜰 경계

마카베오 성전산

헤롯 성전산

이방인의 뜰

N

지성소를 향해 점점 거룩해지는 10단계의 영역

고는 하나님께 드릴 수 있는 것이 복이요 특권임을 보여 준다.

2단계_예루살렘

예루살렘의 건축물은 거리를 향해 함부로 쓰레기를 버릴 수 있는 돌출된 발코니가 없었다. 그리고 성전에서 보이는 곳에는 공중 화장실을 둘 수 없었다. 이런 법령들을 둠으로써 성전이 있는 거룩한 도시인 예루살렘에 대한 차별성이 부여되었다.

3단계_헤롯 성전산

헤롯 대왕은 마카베오(마카비) 성전산을 서쪽, 남쪽, 북쪽으로 더욱 확장시켰다. 동쪽으로 확장하지 못한 이유는 기드론 골짜기라고 불리는 깊은 계곡이 있었기 때문이다. 헤롯은 성전을 증축함으로 유대인들의 환심을 사려고 했지만 유대인들은 헤롯이 확장시킨 헤롯 성전산을 원래의 마카베오 성전산보다 덜 거룩한 곳으로 여겼다.

4단계_마카베오(마카비) 성전산

성전을 더럽힌 시리아의 안티오코스 4세에 대항해서 일어난 최초의 종교 전쟁인 마카베오 전쟁(기원전 167~164년)으로 탄생한 성전산으로서 마카베오 왕조에서 만든 것이다.

5단계_이방인의 뜰

성전산에서 이방인의 출입이 가능한 뜰이다. 더 이상 들어갈 수 없는 경계에는 이방인의 출입을 엄격히 금하는 경고문이 씌어 있었다.

6단계_여인의 뜰

남녀를 막론하고 모든 이스라엘 사람들이 들어갈 수 있는 뜰이다. 그러나 이스라엘 여자들은 여인의 뜰을 넘어 더 이상 들어갈 수 없었다.

7단계_이스라엘의 뜰

이스라엘 남자들만 들어갈 수 있는 뜰이다.

8단계_제사장의 뜰

레위인 제사장들만 들어갈 수 있는 뜰이다.

9단계_성소

분향과 촛대를 손질하는 직무를 위해 제비뽑기로 뽑힌 제사장들만 들어갈 수 있는 곳이다.

10단계_지성소

일반 제사장이 아닌 대제사장만 1년에 하루, 즉 대속죄일에 들어갈 수 있는 곳이다.

🏺 시온 산이 요동치 아니하고……

아테네의 그리스 신전이 가장 높은 아크로폴리스에 세워진 것처럼, 각 민족의 신전은 대체로 지역에서 가장 높은 곳에 지어졌다. 그러나 성전이 세워진 예루살렘의 모리아 산은 특이한 주변 지형을 보여 준다.

모리아 산은 그리 높지 않다. 주변의 더 높은 산들이 모리아 산을 병풍처럼 둘러싸고 있는데, 이 산들 가운데 동쪽에 우뚝 솟은 산이 예수님과 제자들의 이야기를 통해 우리에게 무척이나 친숙한 감람산(Olive Mountain)이다.

주변의 높은 산으로 둘러싸인 예루살렘은 유대인들에게 마치 '암탉이 그 새끼를 날개로 보호하는' 것처럼 하나님의 완벽한 보호를 나타내는 곳으로 여겨졌다. 이러한 예루살렘의 지형과 유대인들의 사고는 시편의

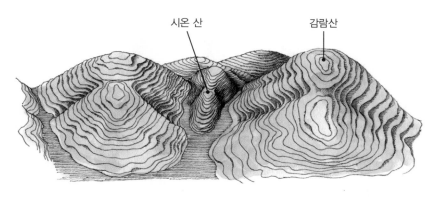

시온 산   감람산

주변의 높은 산들에 둘러싸인 시온 산

노래와 마태복음에 잘 나타나 있다.

> 여호와를 의지하는 자는 시온 산이 흔들리지 아니하고 영원히 있음 같도다 산들이 예루살렘을 두름과 같이 여호와께서 그의 백성을 지금부터 영원까지 두르시리로다 _시 125:1-2

> 예루살렘아 예루살렘아 선지자들을 죽이고 네게 파송된 자들을 돌로 치는 자여 암탉이 그 새끼를 날개 아래에 모음같이 내가 네 자녀를 모으려 한 일이 몇 번이더냐 그러나 너희가 원하지 아니하였도다 _마 23:37

그러나 메시아가 강림하는 말일의 때에 시온 산이 있는 예루살렘 주변은 엄청난 지각변동이 일어날 것이다. 주변의 높은 산들은 낮아지고 시온 산이 있는 예루살렘은 우뚝 솟게 될 것이다. 그리고 열방은 그 시온 산으로 올라와 하나님을 예배할 것이다.

> 말일에 여호와의 전의 산이 모든 산 꼭대기에 굳게 설 것이요 모든 작은 산 위에 뛰어나리니 만방이 그리로 모여들 것이라 _사 2:2

> 터가 높고 아름다워 온 세계가 즐거워함이여 큰 왕의 성 곧 북방에 있는 시온 산이 그러하도다 _시 48:2

🏺 올라온 사람들, 내려간 사람들

말일의 때에 우뚝 솟을 시온 산에 대한 비전 때문인지 유대인들은 성전이 있는 시온 산으로 갈 때 무조건 '올라간다'고 말한다. 현대 이스라엘은 2000년 동안 전 세계로 흩어졌던 디아스포라 유대인들이 시온이 있는 이스라엘로 귀환하면서 건국되었다. 이스라엘로 돌아온 이민자들을 가리키는 히브리 말이 '올림'(עולים)이다. 이는 우리말로 직역을 하면 '올라온 사람들'이다.

이스라엘로 돌아온 이민자를 '올림'이라고 하지만, 반대로 이스라엘 생활에 적응하지 못하고 돌아가는 사람들을 '요르딤'(יורדים), 즉 '내려간 사람들'이라고 말한다. 이민자들 가운데 주로 아프리카, 중동, 러시아, 동유럽과 같은 후진국에서 온 사람들은 이스라엘 사회에 잘 정착하는 반면, 서유럽과 미국, 캐나다와 같은 선진국에서 온 사람들은 적응하지 못하고 다시 돌아가는 경우가 많다. 이들은 올라왔다가 '이게 아닌가벼' 하고 다시 내려간 사람들이다.

🏺 성전에 올라가면서 부르는 노래

성서시대에 이스라엘 남자들은 성전을 세 차례 방문하는 것이 의무였다. 갈릴리와 같은 북쪽에서 오는 순례자들은 여리고에서부터 성전이 있는 예루살렘까지 올라가면서 '성전에 올라가는 노래'로 알려진 15개의 시편을 불렀다. 이것은 시편 120-134편을 말한다.

유대인의 3대 명절인 유월절, 칠칠절, 초막절이 가까우면 각 지역의 상근 제사장들은 이렇게 외치며 순례자들을 불러 모았다.

"너희는 일어나라 우리가 시온에 올라가서 우리 하나님 여호와께로 나아가자!"

'시온에 올라가자'라는 말만 들어도 이스라엘 사람들은 하나님의 임재가 있는 성전을 생각하며 벅찬 감격과 흥분에 빠지곤 했다.

에브라임 산 위에서 파수꾼이 외치는 날이 있을 것이라 이르기를 너희는 일어나라 우리가 시온에 올라가서 우리 하나님 여호와께로 나아가자 하리라 _렘 31:6

사람이 내게 말하기를 여호와의 집에 올라가자 할 때에 내가 기뻐하였도다 _시 122:1

여리고에서 시편 120편을 시작으로 부르는 '성전에 올라가는 노래'는 예루살렘 성에 도착하면서 시편 122편 2절로 바뀌게 된다.

예루살렘아 우리 발이 네 성문 안에 섰도다 _시 122:2

여리고에서 올라온 순례자들은 예루살렘 동쪽의 감람산 꼭대기에서 예루살렘을 조망하며 한숨을 돌린다. 감람산에서 내려다보이는 예루살렘은 실로 오밀조밀하고 **빽빽**한 도시였다.

> 예루살렘아 너는 잘 짜여진(조밀한) 성읍과 같이 건설되었도다
> _시 122:3

이방인의 뜰을 지나면서 시편 126, 127편을 부르고 성전 안의 여인의 뜰에서 마지막 장인 시편 134편을 부른다. 이렇게 최종 목적지인 성전 안의 뜰, 즉 여호와의 집을 찬송하면서 '성전에 올라가는 노래'를 마치는 것이다.

> 보라 밤에 여호와의 성전에 서 있는 여호와의 모든 종들아 여호와
> 를 송축하라 _시 134:1

이스라엘의 남자들은 여인의 뜰에서 이스라엘의 뜰로 올라가는 15개 계단을 오르면서 15개의 시편을 다시 반복해서 불렀다.

CHAPTER

03

베드로와 요한이 앉은뱅이를 고쳐 준
성전 미문은 어디일까?

성전의 바깥 성문

멀리서 본 예루살렘 성

성전의 바깥을 두른 성전벽은 하나님의 임재로 들어가는 성전과 바깥 세상을 나누는 경계였다. 그런 점에서 시온의 문들은 단순한 '문' 이상의 특별한 의미가 있었다. 문을 들어가면서 점점 거룩한 장소에 가까워졌기 때문이다.

여호와께서 야곱의 모든 거처보다 시온의 문들을 사랑하시는 도다 하나님의 성이여 너를 가리켜 영광스럽다 말하는도다(셀라) _시 87:2-3

예수님이 출입하시던 헤롯 성전의 바깥 성문은 동쪽에 1개, 서쪽에 4개, 남쪽에 2개, 북쪽에 1개 등 모두 합해서 8개의 문이 있었다.

동쪽의 문

수산 게이트

동쪽의 유일한 문인 수산 게이트(Shusan Gate)는 유대인의 포로 귀환을 허락한 페르시아 제국의 수도가 있는 수산 성을 향하고 있어 붙여진 이름이다. 그러나 이 문을 가리켜 기독교인들은 '황금문'(Golden Gate)이라 부르고, 모슬렘들은 '자비의 문'(Mercy Gate)이라고 부른다.

예루살렘 동쪽의 감람산 정상 전망대에 올라가면 예루살렘 성이 한눈에 보인다. 이때 동쪽의 수산 게이트를 쉽게 확인할 수 있다. 많은 기독

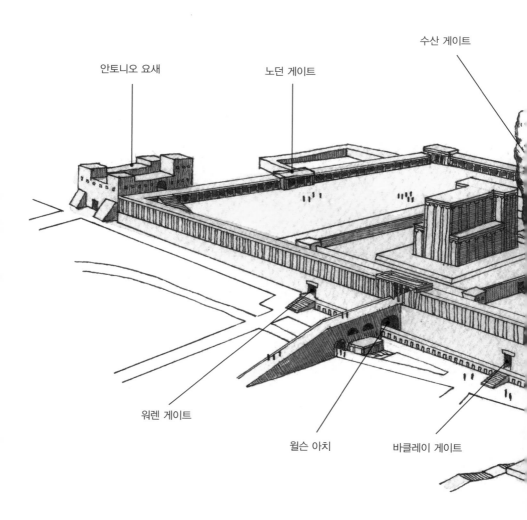

안토니오 요새

노던 게이트

수산 게이트

워렌 게이트

윌슨 아치

바클레이 게이트

헤롯 성전의 모습

솔로몬 행각

왕의 행각   트리플 게이트

산헤드린 건물

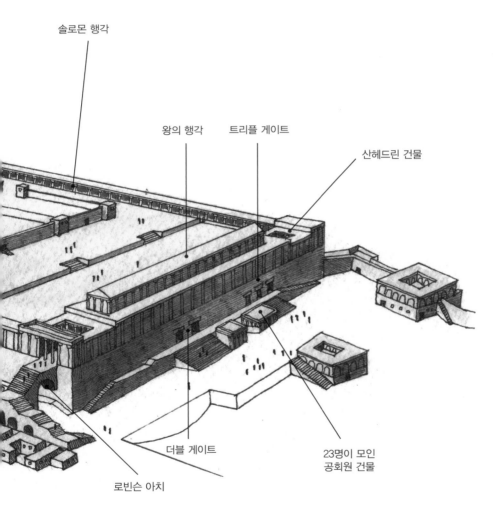

더블 게이트

23명이 모인
공회원 건물

로빈슨 아치

교인들이 이 문을 황금문으로 부르며, 예수님이 벳바게에서 나귀를 타고 성전 안으로 승리의 입성을 하실 때 이 문을 통해서 성전에 들어가신 것으로 오해하고 있다. 그러나 이 문은 평상시에 순례자들이 출입하던 문이 아니었다. 이 문은 두 가지 특수한 경우에만 사용됐다.

첫째, 번제단의 재를 버릴 때 이 수산 게이트를 통해 밖으로 나와 감람산 위의 '재 버리는 곳'에 버렸다. 번제단에 닿은 것은 모두 거룩하므로 번제를 드리고 남은 재도 아무 데나 함부로 버리지 않았던 것이다.

맹인들이여 어느 것이 크냐 그 예물이냐 그 예물을 거룩하게 하는 제단이냐 _마 23:19

둘째, 1년 중 가장 거룩한 날인 대속죄일에 이스라엘 백성의 죄를 속죄하러 광야로 떠나는 아사셀 염소가 이 문을 통해 밖으로 나갔다.

아사셀을 위하여 제비 뽑은 염소는 산 채로 여호와 앞에 두었다가 그것으로 속죄하고 아사셀을 위하여 광야로 보낼지니라 _레 16:10

🏺 남쪽의 문

더블 게이트

남쪽에 있는 두 개의 문 가운데 일반 평민들이 사용하던 문으로 항상 많은 사람으로 붐볐다. 겉보기에는 평범하지만 내부는 화려한 장식이 많아 '미문'(Beautiful Gate)이라는 별명으로 더 유명했다.

성전에 기도하러 올라가던 베드로와 요한이 늘 사람으로 북적거리는 이곳에서 구걸하기 위해 날마다 출근 도장을 찍던 앉은뱅이를 고쳐 준 곳이기도 하다.

> 나면서 못 걷게 된 이를 사람들이 메고 오니 이는 성전에 들어가는
> 사람들에게 구걸하기 위하여 날마다 미문이라는 성전 문에 두는 자
> 라 _행 3:2

더블 게이트는 이름 그대로 두 개의 문이 붙어 있는데 들어갈 때는 오른쪽 문을 이용하고 나올 때는 왼쪽 문을 이용했다. 그러나 슬픈 일을 당한 자는 반대로 왼쪽 문으로 들어가고 오른쪽 문으로 나왔다. 이때 순례자들은 그들을 향해 "이 성전에 들어오는 자에게 하나님의 위로가 넘치게 하소서"라고 위로의 메시지를 건넸다.

트리플 게이트

중앙의 큰 문 사이로 양쪽에 작은 문이 있는 세 개의 게이트를 가리키며, 제사장들이 전용으로 사용하던 문이었다.

서쪽의 문

로빈슨 아치

남쪽 성벽을 따라 이어진 왕의 행각(Royal Porch)으로 들어가는 관문이었다. 성전의 서쪽 벽을 따라 이어진 깊은 골짜기로 인해 아치형의 육교를 만든 것이다. 솔로몬 시대에도 이곳에 성전으로 올라가는 계단이 있었는데, 솔로몬 왕을 방문한 스바 여왕의 넋을 나가게 한 '여호와의 전에 올라가는 층계'가 있던 곳이기도 하다.

스바의 여왕이 솔로몬의 모든 지혜와 그 건축한 왕궁과 그 상의 식물과 그의 신하들의 좌석과 그의 시종들이 시립한 것과 그들의 관복과 술 관원들과 여호와의 성전에 올라가는 층계를 보고 크게 감동되어 _왕상 10:4-5

바클레이 게이트

성전 제사에 필요한 물품을 나르는 데 이용되었다.

윌슨 아치

예루살렘의 부자와 귀족들이 사용하던 문이었다.

워렌 게이트

지성소 근처로 바로 연결되는 문이었다.

북쪽의 문

노던 게이트

양들이 들어오던 문이다. 문 옆에 제물로 바칠 양을 씻는 거대한 풀(pool)이 있었다.

CHAPTER

이방인은 성전에 들어갈 수 없었을까?

이방인의 뜰

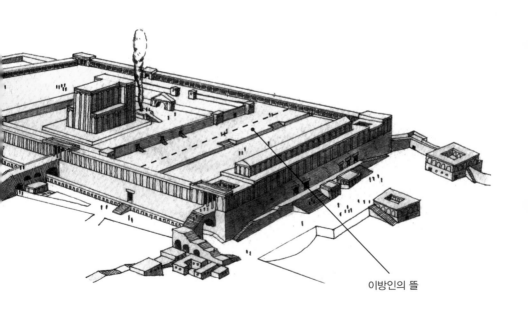

이방인의 뜰

성전의 바깥 성문을 들어가면 성전 바깥 뜰이 나온다. 드디어 성전의 '궁정'에 들어온 것이다. '궁정'(court)은 히브리어로 '하쩨르'(חצר)라고 하는데, '건물 바깥의 마당, 또는 뜰'을 가리킨다.

> 감사함으로 그의 문에 들어가며 찬송함으로 그의 궁정에 들어가서
> 그에게 감사하며 그의 이름을 송축할지어다 _시 100:4

며칠 동안 걸어서 성전이 있는 예루살렘에 도착한 순례자들이 마침내 성전의 궁정에 발을 내딛는 순간 어찌 감사와 찬송이 나오지 않을 수 있겠는가!

이스라엘에서 집을 빌리려는 한국인 유학생들은 부동산을 이용하기보다 '마아가르 메이다'(מאגר מידע, 정보의 바다)로 불리는 인터넷 서비스를 이용한다. 부동산을 통해 집을 계약할 경우 한 달치 대여료를 소개비로 주어야 하지만, 인터넷 서비스는 소액의 가입비만 내면 원하는 기간 동안 정보를 보내 주기 때문이다.

'마아가르 메이다'에 가입하면 매일 새로운 집에 대한 정보를 이메일로 받을 수 있다. 마당이 있는 집은 '하쩨르'라고 써 있는데, 이는 서민들이 사는 공동주택인 아파트에는 없는 것이다. 하쩨르가 있는 집은 부자들이 사는 빌라에 해당한다. 한국은 공동주택인 아파트가 비싸고 인기도 많지만, 이스라엘에서는 하쩨르가 없는 아파트는 서민들이 오밀조밀 몰려 사는 밀집된 공간일 뿐이다.

성전에도 성전 건물 바깥에 뜰이 있었다. 이 뜰은 '헤롯 성전산'과 '마

카베오 성전산'으로 나뉜다. 헤롯이 확장하기 전의 마카베오 성전산은 가로 세로가 각각 500규빗(250m)인 정방형의 뜰이었다. 헤롯은 마카베오 성전산의 동쪽을 제외한 북쪽, 남쪽, 서쪽을 확장했는데, 이것은 유대인들에게 완전함을 의미하는 정사각형도 아니었고, 그렇다고 해서 완전한 직사각형도 아니었다.

건축 전문가인 헤롯이 볼 때는 웅장한 건물일지 몰라도, 영적인 의미를 중요하게 여기는 유대인들에게는 오히려 성전산을 오염시켰을 뿐이

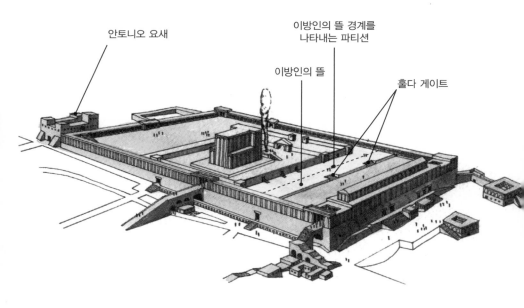

마카베오 성전산(노란색)과 헤롯이 확장한 성전산(분홍색)

었다. 헤롯이 동쪽으로 확장하지 못한 이유는 동쪽에 기드론 골짜기가
깊게 파여 있었기 때문이다.

유대인들의 환심을 사기 위해 증축한 헤롯의 성전산은, 이전의 마카베
오 성전산보다 덜 거룩한 곳으로 여겨졌다. 이로써 성전 증축을 통해 유
대인의 환심을 사려던 헤롯의 의도는 보기 좋게 실패하고 말았다.

🏺 이방인의 뜰

헤롯 성전산을 지나 정방형의 마카베오 성전산으로 올라가면 경계가
점점 삼엄해진다. 마카베오 성전산으로 들어가는 문은 남쪽에 두 개 있
었는데, 이 문이 요시야 왕 때 여선지자로 이름을 날린 훌다의 이름을 딴
훌다 게이트다.

> 이에 제사장 힐기야와 또 아히감과 악볼과 사반과 아사야가 여선지
> 훌다에게로 나아가니 그는 할하스의 손자 디과의 아들로서 예복을
> 주관하는 살룸의 아내라 예루살렘 둘째 구역에 거주하였더라 그들
> 이 그와 더불어 말하매 _왕하 22:14

훌다 게이트를 거쳐 마카베오 성전산에 오르면 바로 만나는 뜰이 이방
인의 뜰이다. 이곳은 이방인에게도 허락된 공간이지만, 이스라엘 사람만
들어갈 수 있는 성전 뜰이 점점 가까워지므로 성전 수비대가 항상 순찰

을 했다.

이방인의 뜰 남쪽에는 남녀용으로 구분된 두 개의 정결탕이 있었다. 이방인의 뜰을 지나 성전으로 들어가는 이스라엘 사람들은 이곳에서 반드시 정결례를 행해야 했다. 바울도 성전으로 들어가면서 이곳에서 정결례를 했을 것이다.

> 바울이 이 사람들을 데리고 이튿날 그들과 함께 결례를 행하고 성
> 전에 들어가서 각 사람을 위하여 제사 드릴 때까지의 결례 기간이
> 만기된 것을 신고하니라 _행 21:26

이방인의 뜰을 지나 성전으로 들어가는 사방에는 이방인의 출입을 엄

이방인의 출입을 엄격히 금하는 경고문이 적힌 파티션

격히 금하는 파티션(partition)이 있었고, 각 파티션에는 성전 수비대가 삼엄한 경계를 섰다. 1871년 이방인의 출입을 엄격히 금하는 경고문이 적힌 헬라어로 된 파티션이 발견된 바 있다. 파티션에 적힌 경고문은 다음과 같았다.

이곳에 이방인을 데려오는 자는 그에 상응하는 죽음을 당할 것이다.

전도 여행을 성공리에 마치고 예루살렘 성전을 방문한 바울 일행은 바울의 얼굴을 알아본 아시아(에베소) 출신 유대인들의 충동으로 인해 현장에서 사로잡혔다. 이들은 바울이 성전을 더럽혔다고 고소했다.

외치되 이스라엘 사람들아 도우라 이 사람은 각처에서 우리 백성과 율법과 이곳을 비방하여 모든 사람을 가르치는 그 자인데 또 헬라인을 데리고 성전에 들어가서 이 거룩한 곳을 더럽혔다 하니

_행 21:28

이들이 바울에게 뒤집어씌운 누명은 에베소 출신의 이방인인 드로비모를 바울이 이방인의 뜰을 지나 성전 안으로 데리고 들어갔다는 것이었다. 에베소에서 온 유대인들은 같은 에베소 출신의 이방인인 드로비모가 바울과 함께 이방인의 뜰을 거니는 것을 보았고, 바울이 드로비모를 데리고 성전에 들어간 것으로 대충 넘겨짚은 것이다. 그러나 이것은 그들만의 착각이었고 바울은 이방인을 데리고 성전에 들어간 적이 없었다.

당시 성전법은 이방인과 유대인의 구별을 엄격히 했다. 이방인이 이방인의 뜰을 지나 성전으로 들어가거나 이들의 출입을 도와준 유대인은 재판 없이 돌에 맞아 죽는 사형에 처해질 정도였다.

그러나 예수님의 십자가 죽음으로 인해 놀라운 일이 발생했다. 이방인과 유대인 사이를 막고 있던 파티션(담)이 허물어진 것이다.

> 그는 우리의 화평이신지라 둘로 하나를 만드사 원수 된 것 곧 중간에 막힌 담을 자기 육체로 허시고 법조문으로 된 계명의 율법을 폐하셨으니 이는 이 둘로 자기 안에서 한 새 사람을 지어 화평하게 하시고 또 십자가로 이 둘을 한 몸으로 하나님과 화목하게 하려 하심이라 원수 된 것을 십자가로 소멸하시고 _엡 2:14-16

구약시대와 신약시대를 나누는 결정적인 사건으로 오순절 성령 강림과 함께 들 수 있는 것이 바로 유대인과 이방인 사이를 막고 있던 담이 무너졌다는 사실이다. 구약시대에 하나님의 구속 사역의 초점은 이스라엘 백성을 거룩한 나라, 제사장 백성으로 빚어 내는 것이었다. 하나님은 이스라엘 백성을 제사장 백성으로 삼아 열방을 축복하고 구원하고자 하는 계획을 가지셨다. 제사장 백성 이스라엘에게 주어진 가장 큰 사명은 거룩과 구별이었는데, 성전에 만들어진 이방인의 뜰도 이러한 거룩과 구별의 의미에서 이해해야 한다.

안토니오 요새

성전 바깥 뜰 북서쪽에는 안토니오 요새로 불리는 거대한 타워가 있었다. 이곳은 원래 헤롯의 이전 왕조인 마카베오 왕조 때 사용하던 바리스 타워(Baris Tower)를 증축한 것으로, 헤롯은 자신의 로마인 친구 마크 안토니오(마르쿠스 안토니우스)의 이름을 따서 이 요새의 이름을 지었다.

예수님 당시에 유다 지방은 로마 총독의 직접 통치를 받고 있었는데, 로마의 수비대는 안토니오 요새에 주둔하면서 성전 뜰에서 벌어지는 순례자들의 일거수일투족을 감시했다. 성전 바깥 뜰의 넓은 북쪽은 로마 수비대가 유대인들을 위협하고자 수시로 훈련과 퍼레이드를 펼치던 곳이기도 했다.

안토니오 요새로 올라가는 계단은 성난 유대인들에게 잡힌 바울이 유창한 히브리 방언으로 자신을 변호하는 설교를 한 곳이기도 하다.

> 천부장이 허락하거늘 바울이 층대 위에 서서 백성에게 손짓하여 매우 조용히 한 후에 히브리 말로 말하니라 _행 21:40

성전 바깥 뜰의 북쪽은 가장 넓은 공간이었는데, 성전에서 제물을 바친 후 고기를 이곳에서 먹고 즐겼다고 한다. 특히 북쪽에 있는 노던 게이트는 밤에도 잠기지 않았으므로 사람들은 이곳에 들어와 머물고 심지어 잠을 자기도 했다.

CHAPTER

예수님이 내쫓으신 성전의 장사꾼들은
어디에 있었을까?

안나스의 상점

🏺 대제사장 가문이 희생제물을 팔았다?

성전 벽 남쪽의 더블 게이트를 통해 들어가면 왕의 행각 지하를 거쳐서 성전 뜰 밖으로 나오게 된다. 밖으로 나오면 바로 왼쪽에 예수님 당시 대제사장이었던 안나스와 가야바가 직영하던 부스(booth, 상점)가 있었다. 가야바는 안나스의 사위다.

안나스와 가야바가 대제사장으로 있을 때에 하나님의 말씀이 빈 들에서 사가랴의 아들 요한에게 임한지라 _눅 3:2

이 상점에서 성전 제사에 필요한 물건, 즉 소, 양, 비둘기, 밀가루, 올리브 기름, 포도주, 나무 등을 팔았고, 성전세로 바칠 반 세겔을 바꾸는 환전상도 이곳에 있었다. 이 상점은 대제사장인 안나스 가문이 직영으로 운영했고, 여기서 구입한 제물만 성전 제사에 적합한 규격품으로 인정받았다. 당연히 가격은 시중가의 몇 배나 비쌌고, 이들은 엄청난 폭리를 취했다.

성전 뜰에서는 물건을 사고파는 상행위를 할 수 없었지만, 안나스의 직영 상점은 원래의 성전 뜰인 마카베오 성전산의 바깥인 헤롯 성전산에 위치했기 때문에 법적으로 따지면 모세의 율법을 어긴 것은 아니었다. 이렇듯 성전을 중심으로 한 당시의 종교적 기득권층은 교묘하게 법망을 피해 가며 자신들의 사리사욕을 채우고 있었다.

그러나 이들도 예수님의 사정의 칼날을 피해 갈 수 없었다. 유월절에 예루살렘 성전을 방문한 예수님은 이곳의 환전상을 뒤엎고 채찍으로 물건 파는 자들을 내쫓으셨다. 요한은 공생애 초기에 일어난 사건으로, 마태는 공생애 말기의 사건으로 기록하고 있다. 아마도 예수님은 유대인의 절기를 따라 예루살렘의 성전을 방문하셨고, 성전을 깨끗게 하신 사건은 성전 방문 때마다 한 연례행사였을 것이다.

> 성전 안에서 소와 양과 비둘기 파는 사람들과 돈 바꾸는 사람들이 앉아 있는 것을 보시고 노끈으로 채찍을 만드사 양이나 소를 다 성전에서 내쫓으시고 돈 바꾸는 사람들의 돈을 쏟으시며 상을 엎으시고 _요 2:14-15

> 예수께서 성전에 들어가사 성전 안에서 매매하는 모든 사람들을 내쫓으시며 돈 바꾸는 사람들의 상과 비둘기 파는 사람들의 의자를 둘러 엎으시고 _마 21:12

🏺 제사장 그룹은 친로마파?

여호와께 드리는 제물은 자신의 수확물과 가축 가운데 흠이 없는 것을 가져와야 했지만, 안나스 가문은 자신의 상점에서 구입한 제물만 바치도록 함으로써 가장 수지맞는 이권에 개입하였다. 당시 이런 일은 유대 땅을 다스리던 로마 총독과의 결탁이 없으면 불가능한 일이었다. 대

왕의 행각　　　　　　　　　　안나스의 상점　　　훌다 게이트

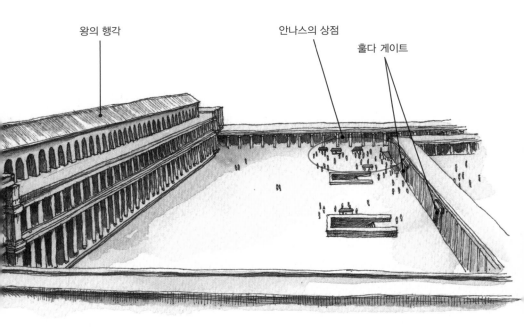

안나스의 상점

제사장은 로마 총독에게 엄청난 뇌물을 리베이트로 바침으로써 대제사장직을 얻을 수 있었고, 꾸준한 뇌물 공여로 자신의 지위를 유지할 수 있었다.

예수님 당시 안나스 가문은 로마에 엄청난 뇌물을 주어 대제사장직을 독차지했는데, 이처럼 극도로 타락한 종교 세력들이 예수님을 십자가에 못 박아 죽인 것이다. 예수님 사역 전후로 당시 대제사장의 임기는 다음과 같다.

안나스	6~15년
엘르아살	16~17년, 안나스의 아들
가야바	18~37년, 안나스의 사위
요나단	37년, 안나스의 아들

특히 예수님 당시에 실제적인 대제사장이었던 가야바의 긴 임기가 눈에 띈다. 당시 로마는 이스라엘에서 가장 거룩한 날인 대속죄일에 입는 대제사장의 옷을 성전 북쪽에 있는 안토니오 요새에 압수하고 있었다. 대속죄일이 임박한 며칠 전에 대제사장복을 내어 줌으로써 이스라엘을 억압하고 다스리는 수단으로 삼았다. 이런 상황에서 로마의 비위를 맞추어 가며 그토록 오랫동안 대제사장직을 수행한 것을 보면 가야바의 권모술수를 충분히 짐작할 수 있다.

당시 로마는 민란이나 폭동이 일어나지 않는 한 피지배민들의 자치권을 인정해 주었다. 대제사장인 가야바를 수장으로 하는 산헤드린 법정도 이스라엘 땅에서 반란이 일어나지 않는다는 조건에서만 유효한 것이었다. 따라서 나사렛 출신의 예수를 중심으로 수많은 군중이 모여들고 자칫 민란으로 확대될 가능성이 보이자 가야바는 미연에 위험한 싹을 잘라 버리고자 했다. 이스라엘 자치권의 상징인 산헤드린 법정의 유지를 위해, 물론 그 속마음은 자신의 정치적 종교적 기득권을 잃지 않으려는 욕심이었지만, 가야바는 한 사람 예수를 희생시킴으로써 온 민족이 멸망의 구렁텅이로 떨어지는 것을 막아야 한다는 정치적 발언을 한 것이다.

> 그 중의 한 사람 그 해의 대제사장인 가야바가 그들에게 말하되 너희가 아무 것도 알지 못하는도다 한 사람이 백성을 위하여 죽어서 온 민족이 망하지 않게 되는 것이 너희에게 유익한 줄을 생각하지 아니하는도다 하였으니 _요 11:49-50

당시에 제사장 그룹은 로마와 한패로 인식되었다. 66년 로마에 대항해 유대인들의 반란이 일어났을 때 예루살렘을 점령한 메나헴이 가장 먼저 제사장 가문을 학살한 것도 이 때문이었다.

유대 문헌인 〈미쉬나〉에는 당시의 부패한 대제사장 가문 네 곳을 언급하면서 조롱하였는데, 그 중에 하나가 안나스 가문이다. 당시에는 대제사장에 대한 공식적인 호칭이 '아버지'였다. 예수님은 땅에 있는 자를 함부로 '아버지'라 부르지 말라고 하셨는데, 이는 아마도 당시의 부패한 대제사장들을 염두에 두고 하신 말씀일 것이다.

땅에 있는 자를 아버지라 하지 말라 너희의 아버지는 한 분이시니
곧 하늘에 계신 이시니라 _마 23:9

🏺 대제사장의 직무: 종신직, 세습직

대제사장의 직무는 원칙적으로 죽을 때까지 섬기는 '종신직'이었고,
그 자손들이 대대로 직무를 이어 나가는 '세습직'이었다. 솔로몬 성전
이 세워지고 바벨론에 의해 성전이 파괴되기까지의 1차 성전 시대(기원전
960~586년)에는 이러한 원칙이 잘 지켜져 18명의 대제사장이 직무를 이어
갔다.

그러나 바벨론에서 귀환한 후에 세워진 스룹바벨 성전과 헤롯 성전으
로 이어지는 2차 성전 시대(기원전 515년~기원후 70년)에는 85명의 대제사
장이 있었다고 한다. 어떻게 2차 성전 시대에는 그렇게 많은 대제사장이
있었을까? 이는 대제사장직이 뇌물을 통해 사고파는 부정부패와 권모술
수의 온상이 되었음을 보여 준다.

성경은 예수님 당시의 대제사장을 두 명 언급하는데, 이는 당시의 종
교적 타락상을 신랄하게 풍자하고 있는 것이다. 어떻게 한 시대에 두 명
의 대제사장이 존재할 수 있는가? 한 명뿐이어야 할 대제사장을 어떻게
'대제사장들'이라는 복수로 나타낼 수 있겠는가? 이는 특별히 의사요 역
사가인 누가가 쓴 누가복음에 잘 나타난다. 복음서 전체를 통해 '대제사
장들'이라는 표현이 무려 64회 나타나는데, 이는 당시의 대제사장 직분

을 둘러싼 타락상을 적나라하게 드러내려는 표현이다.

안나스와 가야바가 대제사장으로 있을 때에 하나님의 말씀이 빈 들
에서 사가랴의 아들 요한에게 임한지라 _눅 3:2

날이 새매 백성의 장로들 곧 대제사장들과 서기관들이 모여서 예수
를 그 공회로 끌어들여 _눅 22:66

CHAPTER

예수님과 제자들은 왜
솔로몬 행각에 자주 모였을까?

솔로몬 행각과 왕의 행각

왕의 행각

🏺 솔로몬 행각은 어떤 곳?

성전 바깥 뜰에는 사방에 기둥을 세우고 그 위에 지붕을 덮은 '행각'이 있었다. 이 행각 아래 그늘에서 순례자들은 휴식을 취하고 담소를 나누곤 했다. 유대인들은 기드론 골짜기와 접한 탓에 헤롯의 손길이 닿지 않은 동쪽의 행각을 특별히 거룩한 곳으로 여겼다.

동쪽의 행각은 이스라엘 역사에서 최고의 황금기를 누렸던 솔로몬 왕의 이름을 따라 '솔로몬 행각'(Solomon's Porch)으로 불렸다. 행각을 따라 늘어선 3열의 기둥들과 지붕은 시원한 그늘을 제공했고, 당시 주니어 랍비들은 이 솔로몬 행각 아래에서 하나님의 말씀인 토라를 강론하곤 했다.

열두 살 된 소년 예수와 함께 성전을 방문한 요셉과 마리아는 나사렛의 집으로 돌아가는 길에 아들을 잃어버렸다. 사흘을 이 잡듯 뒤져서 간신히 아들을 찾았는데, 소년 예수는 성전에서 랍비들의 토라 강론을 들으며 토론에 참여하고 있었다. 이들이 아들 예수를 찾은 곳이 바로 솔로몬 행각이었을 것이다.

> 사흘 후에 성전에서 만난즉 그가 선생들 중에 앉으사 그들에게 듣기도 하시며 묻기도 하시니 듣는 자가 다 그 지혜와 대답을 놀랍게 여기더라 _눅 2:46-47

공생애 사역 초기에 예수님도 주니어 랍비로서 솔로몬 행각에서 제자들에게 토라를 가르치곤 하셨다.

> 예루살렘에 수전절이 이르니 때는 겨울이라 예수께서 성전 안 솔로
> 몬 행각에서 거니시니 _요 10:22–23

베드로와 요한은 기도 시간을 좇아 성전에 올라가다가 미문 옆에 앉
아 있던 앉은뱅이를 만났다. 이 앉은뱅이가 기적적으로 고침을 받자 성
전의 순례자들이 구름 떼같이 솔로몬 행각으로 몰려들었다.

> 나은 사람이 베드로와 요한을 붙잡으니 모든 백성이 크게 놀라며
> 달려 나아가 솔로몬의 행각이라 불리우는 행각에 모이거늘 _행 3:11

이후에도 사도들을 통해 수많은 표적과 기사들이 일어나자 초기 그리
스도인들은 솔로몬 행각에 모여 기도에 힘썼다. 솔로몬 행각은 예수님과
초기 그리스도인들이 모이던 일종의 아지트와도 같은 곳이었다.

> 사도들의 손을 통하여 민간에 표적과 기사가 많이 일어나매 믿는
> 사람이 다 마음을 같이하여 솔로몬 행각에 모이고 _행 5:12

🏺 왕의 행각은 만남의 광장

솔로몬 행각이 동쪽을 따라 늘어섰다면, 왕의 행각은 남쪽을 따라 늘어섰는데 실제로는 왕과 무관한 곳이다. '왕의 행각'(Royal Porch)은 건물이 제왕다운 풍모를 따라 지어졌다 해서 붙여진 이름이다. 162개의 기둥들이 4열로 늘어선 이곳은 로마식 도시의 특징인 포룸(forum)으로 이용되었다. 포룸은 오늘날로 말하면 '만남의 광장'(public meeting room)으로서 로마 시민들이 만나서 대화를 나누고 각종 비즈니스를 하던 곳이다. 포룸은 극장, 경기장과 함께 로마식 도시에 갖춰진 세 가지 필수 요소 중하나였다.

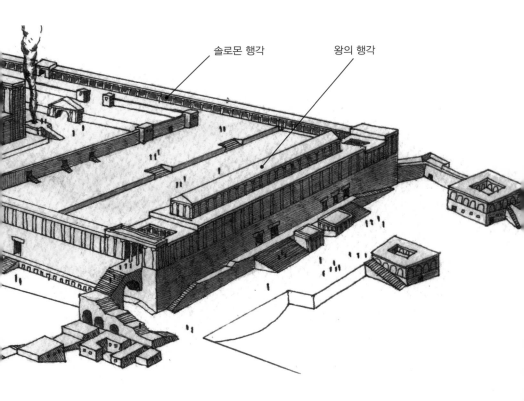

솔로몬 행각   왕의 행각

헤롯은 예루살렘 성전을 남쪽으로 증축하면서 포럼 용도로 쓸 왕의 행각을 화려하게 장식했다. 왕의 행각 좌우로 상점들이 늘어서 있었고, 이곳은 늘 많은 사람들로 붐볐다.

많은 경우 이 상점들을 마지막 종려주일에 예수님이 성전을 깨끗게 하고 환전상의 테이블을 뒤집은 곳으로 혼동한다. 그러나 이곳에서는 주로 채권, 채무, 환전과 같은 세속적인 상거래가 이루어졌다. 예수님 당시의 대제사장이던 안나스와 가야바 가문은 성전 제사와 관련된 종교적 비즈니스를 했는데, 이곳은 그 상점과는 다른 곳이다.

🏺 솔로몬 행각 vs 왕의 행각

성전 바깥을 따라 둘러선 동쪽의 솔로몬 행각과 남쪽의 왕의 행각은 모두 '만남의 광장' 역할을 하던 곳이다. 그러나 두 장소에 모이는 사람들의 성향은 확연하게 달랐다. 솔로몬 행각은 로마에 적대적인 유대 민족주의자와 종교주의자들이 모이는 장소였다. 반면 왕의 행각은 헬레니즘의 영향을 받아 이방화된 친로마파 유대인들이 모이는 장소였다. 현대 이스라엘에서도 마찬가지지만, 예수님 당시의 1세기 유대인 사회도 세속적 유대인들과 종교적 유대인들은 서로 섞이고 싶어 하지 않았던 것이다.

지극히 종교적인 도시인 예루살렘, 그것도 성전을 둘러싼 행각에 이방화된 친로마파 유대인들의 장소가 있었다는 것은 사뭇 충격적이다. 우리는 여기서 예수님과 제자들이 주로 사역하던 갈릴리 지방과 예루살렘 성전이 있는 유대 지방을 비교할 필요가 있다. 갈릴리와 유대 지방 중에서 어느 곳이 더 민족주의적이고 종교적이었을까? 이 질문을 던지면 흔히 유대 지방이라고 대답할 것이다. 그러나 정답은 갈릴리 지방이다.

신약성경을 읽다 보면 갈릴리 지방에 대한 오해를 불러일으킬 만한 표현들이 가끔 등장한다.

나다나엘이 이르되 나사렛에서 무슨 선한 것이 날 수 있느냐 빌립이 이르되 와서 보라 하니라 _요 1:46

유대인들이 놀랍게 여겨 이르되 이 사람은 배우지 아니하였거늘 어떻게 글을 아느냐 하니 _요 7:15

다 놀라 신기하게 여겨 이르되 보라 이 말하는 사람들이 다 갈릴리 사람이 아니냐 _행 2:7

갈릴리 지역과 관련된 경멸의 표현을 읽으면서, 우리는 자연스럽게 갈릴리 출신의 예수님과 제자들을 배우지 못한 일자무식의 촌사람들로 오해하기 쉽다. 그러나 이런 표현들은 당시에 만연하던 갈릴리 지방에 대한 천대와 무시를 반영하는 것일 뿐이지 역사적 사실과는 거리가 멀다.

갈릴리 지역은 아시리아의 디글랏 빌레셀에 의해 정복된 후(기원전 732년) 알렉산더 얀네우스에 의해 재정복되기까지(기원전 103년) 오랫동안 이방 제국의 통치를 받아야 했다. 그래서 별명도 '이방의 갈릴리'였다.

전에 고통하던 자들에게는 흑암이 없으리로다 옛적에는 여호와께서
스불론 땅과 납달리 땅이 멸시를 당하게 하셨더니 후에는 해변 길
과 요단 저편 이방의 갈릴리를 영화롭게 하셨느니라 _사 9:1

그러나 이곳을 정복한 마카베오 왕조의 알렉산더 얀네우스는 이방화
된 갈릴리 지역에 유대 지역 출신의 유대인들을 강제 이주하는 정책을 폈
다. 이로써 이방화된 갈릴리 지역을 유대 땅으로 통합하려는 것이었다.
이때 갈릴리로 이주한 유대인들은 종교적 성향이 강한 열렬한 유대 민족
주의자들이 주류를 이루었다. 아마도 이때 유대 베들레헴 출신의 요셉
집안도 갈릴리로 이주했을 가능성이 높다. 카이사르 아우구스투스(가이
사 아구스도) 때 인구조사를 위해 본적지에서 호적을 해야 했는데 그때 갈
릴리 나사렛의 요셉은 만삭인 마리아를 데리고 베들레헴으로 내려가야
했다.

그때에 가이사 아구스도가 영을 내려 천하로 다 호적하라 하였으니
_눅 2:1

요셉도 다윗의 집 족속이므로 갈릴리 나사렛 동네에서 유대를 향하
여 베들레헴이라 하는 다윗의 동네로 그 약혼한 마리아와 함께 호
적하러 올라가니 마리아가 이미 잉태하였더라 _눅 2:4-5

갈릴리는 오랫동안 이방화되었다가 예수님이 오시기 100년 전쯤에 열

렬한 유대주의자들이 유입되면서 새롭게 탄생했다. 특히 종교적이고 민족주의적 성향에서 본다면 예루살렘과 비교할 수 없을 정도로 강했다. 기원후 1세기를 전후해서 유대인들은 로마의 통치에 반발하며 다섯 차례나 봉기를 일으켰는데, 항상 그 선봉에 섰던 지역이 갈릴리였다. 로마에 반대하는 반체제 운동을 이끈 열심당의 본거지도 갈릴리에 있었다. 이와 달리 예루살렘은 로마 제국에 편입된 메트로폴리탄으로서 국제화, 더나아가 이방화된 지역이었다. 다양한 계층이 섞여 살던 예루살렘에 비해서 갈릴리는 유대교와 관련된 교육 수준에서나 권위 있는 랍비의 숫자에서나 유대 지방을 훨씬 능가했다.

CHAPTER

07

사탄이 예수님을 데려간 성전 꼭대기는 어디일까?

성전 꼭대기

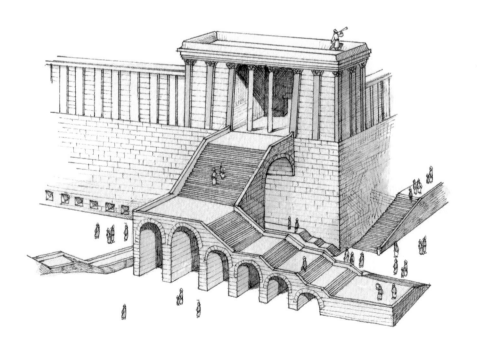

🏺 성전 꼭대기: 나팔 부는 곳

왕의 행각 서쪽 타워는 '성전 꼭대기'로 알려진 곳이다. 이곳은 성전 내부에서 벌어지는 일은 물론 예루살렘 도시가 한눈에 내려다보이는 최고의 전망대다. 예수님 당시에는 '나팔 부는 곳'으로 알려졌는데, 안식일과 월삭(새 달 초하루), 신년(나팔절)이 되면 이곳에서 제사장들이 나팔을 불었다.

비잔틴 시대에는 왕의 행각 남서쪽 끝이 아니라 남동쪽 끝을 나팔을 부는 성전 꼭대기로 생각했다. 그러나 남동쪽 끝은 기드론 골짜기에 가깝고 사람들이 몰려 사는 도시에서 멀기 때문에 나팔 부는 장소로 적합하지 않았다. 도시에서 가까운 성전 남서쪽 타워에서 나팔을 불어야 예루살렘 시민들이 모두 나팔 소리를 들을 수 있었다. 또한 남서쪽 타워 밑에는 서쪽과 남쪽을 따라 즐비하게 늘어선 상점들로 인해 늘 엄청난 군중이 몰려들었다.

성전 남서쪽의 타워가 나팔을 불던 성전 꼭대기임을 밝힌 사람은 이스라엘의 고고학자 벤자민 마자르(Benjamin Mazar)다. 1968년부터 1978년까지 성전 남서쪽을 발굴하던 벤자민 마자르는 고대 히브리어로 '나팔 부는 곳'이라고 씌어진 길이 2.4m의 명각을 발견했다.

이것은 지붕과 타워에 올라간 사람이 자칫 실수로 떨어지는 것을 막기 위해 만든 지붕(또는 타워)의 '난간'에 새겨져 있었다. 이스라엘의 건축물은 신명기 율법을 따라서 반드시 지붕에 난간을 만들었다.

'나팔 부는 곳'이라 씌어진 명각

네가 새 집을 지을 때에 지붕에 난간을 만들어 사람이 떨어지지 않
게 하라 그 피가 네 집에 돌아갈까 하노라 _신 22:8

이 고고학적 발견으로 인해 예수님이 사탄에게 시험받은 성전 꼭대기
의 위치에 대한 정확한 정보를 얻을 수 있었다.

🏺 성전 꼭대기: 메시아의 통치를 알리는 곳

예수님 당시 유대인들은 나팔을 불며 모든 절기의 시작을 알리는 성전
꼭대기에 대한 특별한 믿음이 있었다. 그것은 바로 메시아의 날이 도래하
면 메시아가 이 성전 꼭대기에서 나팔을 불며 메시아의 우주적인 통치를

알릴 것이라는 믿음이었다. 메시아 시대의 도래와 나팔에 대한 유대인들의 이런 믿음은 복음서와 바울의 서신서에도 잘 나타나 있다.

> 그가 큰 나팔 소리와 함께 천사들을 보내리니 그들이 그의 택하신
> 자들을 하늘 이 끝에서 저 끝까지 사방에서 모으리라 _마 24:31

> 주께서 호령과 천사장의 소리와 하나님의 나팔 소리로 친히 하늘로
> 부터 강림하시리니 그리스도 안에서 죽은 자들이 먼저 일어나고
>
> _살전 4:16

🏺 이스라엘 역사가 보여 주는 성전 꼭대기

예수님이 승천하신 후 몇십 년 지나지 않아 유대인들은 로마의 식민 통치에 반기를 들고 전국적인 봉기를 일으켰다(66년). 이때 예루살렘에 세 명의 거짓 메시아가 나타났는데, 이들의 이야기는 성전 꼭대기에 대한 당시 유대인들의 특별한 믿음을 잘 보여 준다.

엔게디 출신의 메나헴은 마사다에 있는 헤롯 대왕의 무기고를 기습 공격해서 완전무장을 한 채 추종자들과 함께 예루살렘에 입성했다. 메나헴은 성전 북쪽에 있는 안토니오 요새에 로마에 대항할 지휘 본부를 차렸고 백성은 그를 메시아로 환호했다. 안토니오 요새는 철천지 원수인 로마군의 수비대가 주둔하던 곳으로서, 메나헴이 이곳에 본부를 차린 것은

유대인들의 반로마 감정을 고취시키고 자신의 리더십을 견고히 하고자 함이었다.

다음은 유대 광야에서 명성을 날리던 시몬이었다. 시몬은 추종자들과 함께 예루살렘에 입성해 마카베오 왕궁에 본부를 차렸고 백성은 시몬을 메시아로 따랐다. 마카베오 왕조는 이스라엘 왕국의 황금기를 누린 다윗과 솔로몬 시대를 버금가는 통일 왕조로서, 예수님이 오시기 1세기 전에 이스라엘 전역을 통치한 유대인 왕조였다(기원전 167~63년). 로마의 압제가 심해질수록 유대인들은 강력했던 마카베오 왕조의 영화를 동경했다. 당시 유대인들의 이름 중 75%가 마카베오 왕조의 왕들의 이름이었던 것만 보아도 마카베오 왕조에 대한 환호와 동경이 대단했음을 알 수 있다. 예수님의 제자인 마태, 요한, 유다 등도 마카베오 왕조의 왕들의 이름을 따른 것이다. 시몬이 마카베오 왕궁에 반란군의 본부를 차린 이유도 당시 유대인들의 마카베오 왕조에 대한 동경을 한데 모아 자신의 리더십을 끌어올리기 위함이었다.

마지막으로 나타난 거짓 메시아는 갈릴리 구쉬할라브 출신의 요한이었다. 구쉬할라브는 초대교회 전승에 의하면 바울의 부모님이 살던 고향이라고 한다. 갈릴리에서 로마군에 대항해 최후까지 저항하던 요한은 안식일의 야음을 틈타 추종자들을 이끌고 예루살렘으로 도망했다. 그리고 성전 꼭대기에 반란군의 본부를 차렸다. 이때 놀라운 일이 발생했다. 메나헴과 시몬을 추종하던 많은 사람들이 요한을 따르며 그를 메시아로 추종했던 것이다. 로마군의 예루살렘 포위망이 점점 좁혀 오던 절체절명의 상황에서 성전 꼭대기에 본부를 차린 요한은 당시 유대인들의 메시아

적 열망을 한껏 끌어올리는 데 성공했고, 가장 강력한 메시아로 예루살
렘을 다스릴 수 있었다.

🏺 사탄은 왜 예수님을 성전 꼭대기로 데려갔을까?

예수님을 성전 꼭대기까지 데려가서 시험했던 사탄은 분명히 성전 꼭
대기에 대한 당시 유대인들의 보편적인 믿음을 잘 알고 있었을 것이다.

또 이끌고 예루살렘으로 가서 성전 꼭대기에 세우고 이르되 네가 만
일 하나님의 아들이어든 여기서 뛰어내리라 _눅 4:9

당시 유대인들의 메시아적 믿음이 응집된 장소였던 성전 꼭대기는 공
생애를 시작하신 예수님이 자신을 메시아로 드러내고 선포할 수 있는 가
장 잘 준비된 스테이지(무대)였다. 이곳에서 단 한 번의 기적을 통한 깜짝
쇼를 벌인다면, 유대인들은 '지저스 크라이스트 슈퍼스타!'를 환호하며
열광적으로 예수님을 메시아로 인정했을 것이다.

사탄은 예수님을 이곳으로 데려와서 "네가 만일 하나님의 아들이어든
여기서 뛰어내리라"고 요구한 다음, 하나님의 약속의 말씀을 인용한다.

기록하였으되 하나님이 너를 위하여 그 사자들을 명하사 너를 지키
게 하시리라 하였고 또한 그들이 손으로 너를 받들어 네 발이 돌에

부딪히지 않게 하시리라 하였느니라 _눅 4:10-11

이것은 십자가의 죽음을 통해 메시아적 영광을 얻도록 하신 하나님의 구원 프로그램을 완전히 뒤집는 것으로서 예수님에게는 굉장한 시험이 아닐 수 없었다. 그러나 예수님은 '십자가 없는 영광'을 단호히 부인하며 사탄의 시험을 배격하셨다.

No cross, no crown!

🏺 산헤드린 법정은 어디에 있었나?

왕의 행각 동쪽 끝에는 반원형으로 이루어진 건물이 있는데, 이곳에 예수님 당시 71명으로 구성된 유대인들의 최고 법정인 산헤드린이 있었다. 71명으로 구성된 유대인 최고 법정인 산헤드린은 70명의 공회원들과 이들의 리더인 대제사장을 합한 숫자다. 70명의 공회원은 모세가 세웠던 70명의 장로에서 왔다고 한다.

모세와 아론과 나답과 아비후와 이스라엘 장로 칠십 인이 올라가서
_출 24:9

대중에게 공개되지 않던 로마 법정과 달리, 이곳은 북쪽 공간을 완전히 대중에게 개방하여 재판 과정을 지켜보도록 했다.

예수님도 로마 총독인 빌라도에게 넘겨지기 전에 안나스와 가야바 가
문이 주재하는 산헤드린 공회 앞에 서야 했다.

날이 새매 백성의 장로들 곧 대제사장들과 서기관들이 모여서 예수
를 그 공회로 끌어들여 _눅 22:66

유대인들의 법정은 오늘날의 지방법원, 고등법원, 대법원과 같은 3단
계의 상소 절차가 있었다. 각 도시에 최소 3명에서 최대 9명으로 구성된
지방법원이 있었고 이들은 성문에 앉아서 재판을 했다. 고등법원에 해당
하는 중간 법정은 23명으로 구성되었고, 왕의 행각으로 올라오는 계단
중앙에 있는 건물에 있었다. 그리고 71명의 최고 법정인 산헤드린 법정은
왕의 행각 동쪽 끝에서 열렸다.

08

여인의 뜰은 여자들만 들어갔을까?

여인의 뜰

물두멍 제작을 위해 거울을 헌물하는 여인들

🏺 여인의 뜰: 기도의 뜰

성전에서 가장 동쪽에 있는 '여인의 뜰'은 여자들만 들어갈 수 있는 공간이기 때문에 붙여진 이름일까? 그렇지 않다. 이곳은 오히려 이스라엘 여인들이 더 이상 안으로 들어갈 수 없는 한계를 가리킨다. 여인의 뜰은 이스라엘 사람이면 남녀의 구분 없이 모두 들어갈 수 있는 곳이었다. 아침과 저녁에 드리는 정기적인 번제 때에 성소에서 분향하는 시간이 있는데, 이때 성전에 기도하러 온 사람들은 여인의 뜰에서 기도를 했다. 그래서 여인의 뜰은 '기도의 뜰'이라고도 불린다.

과거 솔로몬 성전에는 여인의 뜰이 없었다. 성경에서 여인의 뜰이 처음 언급된 것은 역대하에서다. 남유다의 여호사밧 왕 때 모압, 암몬 그리고 마온 사람들이 연합해서 유다를 치러 올라왔다. 이때 하나님을 경외하던 왕 여호사밧은 온 유다 땅에 금식을 선포하고 온 회중을 성전의 '새 뜰'(new court)에 모이도록 했다. 그리고 성전을 향하여 전심으로 기도했다. 여호사밧이 기도했던 새 뜰이 성경에서 간접적으로 언급된 여인의 뜰이다.

> 여호사밧이 여호와의 전 새 뜰 앞에서 유다와 예루살렘의 회중 가운데 서서 이르되 우리 열조의 하나님 여호와여 주는 하늘에서 하나님이 아니시니이까 이방 사람들의 모든 나라를 다스리지 아니하시나이까 주의 손에 권세와 능력이 있사오니 능히 주와 맞설 사람이 없나이다 _대하 20:5-6

솔로몬 성전은 동쪽에 위치한 오픈된 공간으로서 성전 예배에 필요한 기명들을 보관하던 몇 개의 챔버(chamber, 방)들만 있었는데, 헤롯이 성전을 증축할 때 사방을 벽으로 두르면서 여인의 뜰로 불리는 독립된 성전 뜰이 생기게 된 것이다.

여인의 뜰 삼면에는 기둥들이 늘어선 행각이 있었는데, 이곳은 시니어 랍비들이 토라를 강론하던 곳이다. 종려주일에 승리의 입성을 하신 예수님도 이곳 여인의 뜰 행각에서 마지막 일주일 동안 말씀을 가르치셨다. 공생애 사역 초기에 주니어 랍비로서 솔로몬 행각에서 가르치신 것과 달리, 후기에는 시니어 랍비로 명성을 얻은 예수님의 신분 상승을 엿볼 수 있다.

> 예수께서 성전에 들어가 가르치실새 대제사장들과 백성의 장로들이 나아와 이르되 네가 무슨 권위로 이런 일을 하느냐 또 누가 이 권위를 주었느냐 _마 21:23

🏺 여인들의 헌신과 한이 담긴 여인의 뜰

성막을 짓도록 명령을 받았을 때 나온 헌물들은 주로 여인들의 보석류였다.

> 곧 마음에 원하는 남녀가 와서 팔찌와 귀고리와 가락지와 목걸이와

여러 가지 금품을 가져다가 사람마다 여호와께 금 예물을 드렸으며

_출 35:22

특히 물두멍은 여인들이 기부한 놋거울을 녹여서 만들었다.

그가 놋으로 물두멍을 만들고 그 받침도 놋으로 하였으니 곧 회막 문에서 수종드는 여인들의 거울로 만들었더라   _출 38:8

이곳에서 눈물을 흘리며 한이 섞인 기도를 드린 수많은 여인들이 있었는데, 사무엘의 어머니 한나도 그 중 하나였다.

그들이 실로에서 먹고 마신 후에 한나가 일어나니 그때에 제사장 엘리는 여호와의 전 문설주 곁 의자에 앉아 있었더라 한나가 마음이 괴로워서 여호와께 기도하고 통곡하며   _삼상 1:9-10

하나님은 한나의 눈물 어린 기도를 받으셔서 그 시대를 구원할 선지자 사무엘을 허락하셨다.

CHAPTER

09

예수님이 구제헌금을 한 후
나팔을 불지 말라고 한 이유는 무엇일까?

연보궤

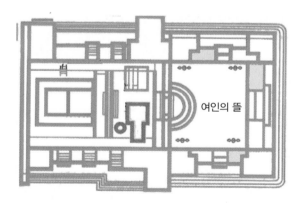

여인의 뜰

■ 부분이 연보궤가 있는 곳이다

🏺 연보궤는 어디에 있었을까?

여인의 뜰 주변을 따라 삼면의 벽에는 13개의 연보궤(헌금함)가 있었다. 각각의 연보궤는 유대인의 신년인 나팔절 때 부는 양각 나팔(숫양의 뿔)처럼 돈을 넣는 입구는 좁고 밑바닥은 넓었다. 이는 연보궤에 손을 넣어 헌금을 훔치는 것을 방지할 목적으로 고안된 것이다. 예수님은 헌금과 구제를 하고 나서 '나팔을 불지 말라'는 독특한 표현을 하셨는데, 이는 여인의 뜰에 있는 연보궤의 모양에서 나온 재미 있는 표현이다.

> 그러므로 구제할 때에 외식하는 자가 사람에게서 영광을 받으려고 회당과 거리에서 하는 것같이 너희 앞에 나팔을 불지 말라 진실로 너희에게 이르노니 그들은 자기 상을 이미 받았느니라 _마 6:2

13개의 연보궤는 각각 용도가 달랐고, 그 용도는 연보궤에 새겨져 있었다. 이중 1, 2번 연보궤에는 성전에 바치는 반 세겔의 성전세를 넣었다. 3, 4번의 연보궤에는 번제와 속죄제로 비둘기를 바치는 여인들이 그에 상당하는 돈을 넣었다. 첫아들인 예수를 낳은 마리아도 성전을 찾아 초태생을 위한 속죄제로 비둘기 값을 이곳에 넣었을 것이다.

> 모세의 법대로 정결예식의 날이 차매 아기를 데리고 예루살렘에 올라가니 이는 주의 율법에 쓴 바 첫 태에 처음 난 남자마다 주의 거룩한 자라 하리라 한 대로 아기를 주께 드리고 또 주의 율법에 말씀하

신 대로 비둘기 한 쌍이나 혹 어린 집비둘기 둘로 제사하려 함이더라 _눅 2:22–24

연보궤 5번에는 제단에서 사용되는 목재, 6번에는 분향단의 향, 7번에는 성전에서 사용되는 금잔, 8번에는 남자의 속죄제, 9번에는 속건제, 10번에는 비둘기, 11번에는 나실인 서원, 12번에는 나병환자의 치유, 13번에는 기타 자원 헌금과 관련된 헌금을 넣었다.

초막절 명절이 끝나고 이른 아침에 유대인들은 예수님을 시험하기 위해 간음한 여인을 데리고 왔다. 이때 예수님은 어두움 가운데 거하는 이들을 향해 자신을 '세상의 빛'으로 선포하셨다.

예수께서 또 말씀하여 이르시되 나는 세상의 빛이니 나를 따르는 자는 어두움에 다니지 아니하고 생명의 빛을 얻으리라 _요 8:12

이 사건이 바로 여인의 뜰에 있는 연보궤 앞에서 일어났다.

이 말씀은 성전에서 가르치실 때에 헌금함(연보궤) 앞에서 하셨으나 잡는 사람이 없으니 이는 그의 때가 아직 이르지 아니하였음이러라 _요 8:20

🏺 과부의 두 렙돈

13개의 연보궤 외에 '은밀한 방'(Silence Chamber)으로 불리는 특별한 공간이 있었다. 이곳은 가난해서 교육을 받지 못하는 아이들을 위해 특별 헌금을 내는 곳이었다. 경건한 사람들은 이스라엘의 미래를 책임질 아이들의 교육을 위해 비밀리에 헌금을 하곤 했다. 과부의 두 렙돈은 아마 이곳에서 은밀하게 드려졌을 것이고 부자들은 바깥에 있는 나팔 모양의 연보궤에 위풍당당하게 헌금을 넣으며 힘차게 나팔을 불었을(?) 것이다.

예수께서 눈을 들어 부자들이 헌금함에 헌금 넣는 것을 보시고 또 어떤 가난한 과부가 두 렙돈 넣는 것을 보시고 _눅 21:1-2

🏺 여인의 뜰로 들어가는 문

여인의 뜰 남쪽에 있는 '여인 게이트'는 당시 평민들이 이용하던 가장 보편적인 문이었다. 그러나 동쪽에 있는 '순결과 공의 게이트'(Gate of Pure and Just)는 하나님의 축복을 받은 사람들, 특히 부자, VIP, 귀족들이 이용하던 전용문이었다. 부자들은 이 문을 통해 들어와서는 으스대면서 많은 양의 헌금을 연보궤에 넣었을 것이다.

북쪽에 있는 '음악 게이트'는 성전 제사를 드릴 때 찬양단으로 섬기는 레위인 찬양대가 사용하던 문이다.

요셉은 임신한 마리아를 왜 가만히 끊고자 했을까?

간음이 의심되는 여인의 정결례

니카노르 게이트에서 행해진 간음이 의심되는 여인의 정결례

🏺 니카노르 게이트와 여인의 정결례를 한 장소

여인의 뜰 서쪽에는 '니카노르 게이트'라는 문이 있었다. 니카노르 게이트로 올라가는 계단은 15개인데, 계단 하나를 올라갈 때마다 성전에 올라가는 노래인 시편 120-134편을 한 편씩 불렀다. 유대 문헌 〈미쉬나〉에는 니카노르 게이트를 열고 닫는 데만 남자 20명이 동원될 만큼 거대하고 무거웠다고 기록하고 있다. '니카노르'는 사도행전에 일곱 집사 중 한 사람의 이름으로 등장하기도 한다.

> 온 무리가 이 말을 기뻐하여 믿음과 성령이 충만한 사람 스데반과
> 또 빌립과 브로고로와 니가노르와 디몬과 바메나와 유대교에 입교
> 했던 안디옥 사람 니골라를 택하여 _행 6:5

니카노르 게이트를 지나면 이스라엘의 남자들만 들어갈 수 있는 이스라엘의 뜰이 나온다. 그러므로 니카노르 게이트는 이스라엘의 여인들이 성전에서 들어갈 수 있는 마지막 경계인 셈이다.

민수기 5장 11-31절은 니카노르 게이트에서 행하는 여인의 정결례에 대해 자세히 설명하고 있다. 이곳에서 정결례를 하는 여인은 남편으로부터 간음을 의심받는 아내였다. 결혼한 여인이 외간 남자와 간음한 것이 확인되면 돌에 맞아 죽는 처벌을 받았다.

예수께 말하되 선생이여 이 여자가 간음하다가 현장에서 잡혔나이

다 모세는 율법에 이러한 여자를 돌로 치라 명하였거니와 선생은 어떻게 말하겠나이까 _요 8:4-5

처녀인 여자가 남자와 약혼한 후에 어떤 남자가 그를 성읍 중에서 만나 동침하면 너희는 그들을 둘 다 성읍 문으로 끌어내고 그들을 돌로 쳐죽일 것이니 그 처녀는 성안에 있으면서도 소리 지르지 아니하였음이요 그 남자는 그 이웃의 아내를 욕보였음이라 너는 이같이 하여 너의 가운데에서 악을 제할지니라 _신 22:23-24

그러나 민수기 본문에 나오는 여인은 남편으로부터 간음을 의심받지만 구체적인 증거가 없는 경우에 해당한다. 이는 오늘날 아내를 의심하는 의처증 남편과 비슷한데, 확실한 물증이 없이 아내를 함부로 간음죄로 고소하는 것을 막고 사회적 약자인 여인들을 보호하고자 마련한 율법이었다.

민수기에 나오는 '간음이 의심되는 여인의 정결례'는 크게 두 단계로 나뉘어 이루어졌다.

1단계_소제를 드리고 자신의 결백을 호소함

간음을 의심받는 여인은 니카노르 게이트에서 제사장에게 보리를 갈아서 소제(meal offering)를 바친다. 소제로 드리는 곡식은 일반적으로 밀(wheat)이지만, 이 소제는 '의심의 소제'이므로 당시 가난한 자, 비참한 자의 식량이었던 보리(barley)를 바친다. 또한 일반적인 소제에는 유향과 올리브 기름을 첨가하지만, 의심의 소제에서는 순수하게 보리 가루만 드렸다.

> 그 아내를 데리고 제사장에게로 가서 그를 위하여 보리 가루 십분의
> 일 에바를 헌물로 드리되 그것에 기름도 붓지 말고 유향도 두지 말
> 라 이는 의심의 소제요 기억나게 하는 기억의 소제라 _민 5:15

제사장은 의심의 소제를 받고 제단으로 가서 여호와 앞에 흔들고 소제 한 움큼을 취해 제단에서 태운다.

2단계_저주의 쓴물을 마시고 자신의 결백에 대해 책임을 짐
제사장은 그릇에 물을 떠서 성전 바닥의 흙먼지를 그 물에 섞어 '저주의 쓴물'을 만든다. 그리고 여인의 결백이 거짓일 경우에 임할 하나님의 저주에 대해서 경고하고 여인은 '아멘, 아멘'으로 두 번 화답함으로 모든 결과에 책임질 것을 맹세한다.

> 이 저주가 되게 하는 이 물이 네 창자에 들어가서 네 배를 붓게 하고
> 네 넓적다리를 마르게 하리라 할 것이요 여인은 아멘 아멘 할지니라
> _민 5:22

제사장은 저주문을 두루마리에 기록하고 이 두루마리를 저주의 쓴물에 담가 여인에게 마시도록 한다. 여인의 결백이 사실이면 아무런 해를

입지 않지만, 만약 거짓이면 저주문의 글귀들이 여인에게 그대로 임하게 될 것이다.

> 그 물을 마시게 한 후에 만일 여인이 몸을 더럽혀서 그 남편에게 범죄하였으면 그 저주가 되게 하는 물이 그의 속에 들어가서 쓰게 되어 그의 배가 부으며 그의 넓적다리가 마르리니 그 여인이 그 백성 중에서 저줏거리가 될 것이니라 그러나 여인이 더럽힌 일이 없고 정결하면 해를 받지 않고 임신하리라 _민 5:27-28

이는 오늘날로 말하면 일종의 '거짓말 탐지기'와 같다. 성전에서 여호와의 이름을 두고 맹세한 이상 남편은 아내의 부정에 대한 의심을 완전히 해결할 수 있었을 것이다. 또한 웬만큼의 강심장을 가진 여인이 아니라면 성전에서 저주의 쓴물을 마시면서까지 담대하게 거짓말을 하지는 못할 것이다.

🏺 처녀로 잉태한 마리아와 의인 요셉

> 마리아가 이르되 주의 여종이오니 말씀대로 내게 이루어지이다 하매 천사가 떠나가니라 _눅 1:38

예수 그리스도의 나심은 이러하니라 그의 어머니 마리아가 요셉과

약혼하고 동거하기 전에 성령으로 잉태된 것이 나타났더니 그의 남
편 요셉은 의로운 사람이라 그를 드러내지 아니하고 가만히 끊고자
하여 _마 1:18-19

요셉과 정혼한 마리아의 신분은 몸은 처녀였지만 법적으로는 이미 요
셉의 아내였다. 한 남자의 아내이므로 외간 남자와의 간음죄가 법적으로
성립되고 최악의 경우 돌에 맞아 죽을 수도 있었다. 그러므로 천사 가브
리엘의 메시지를 듣고 순종한 마리아의 결단은 실로 목숨을 걸고 한 것
이었다.

누가 보아도 마리아의 간음을 의심할 만한 상황에서 요셉의 행동은
남달랐다. 이런 경우 당시의 보편적인 이스라엘 남자들이라면 당연히 아
내를 성전에 데리고 가서 정결례를 하도록 했을 것이다. 그러나 요셉은
가만히 끊고자 했다. 요셉은 자신의 심리적 만족과 안도감을 먼저 생각
한 것이 아니라 마리아를 먼저 생각했다. 간음이 의심되는 여인의 정결례
는 일단 아내를 공적인 수치(public shame)로 내몰게 한다. 요셉은 의인으
로서 마리아를 이러한 수치로 내몰지 않고 가만히 끊고자 했던 것이다.

CHAPTER

예수님께 고침받은 나병환자는 어떻게 사회에 복귀했을까?

나병환자를 위한 정결례

나병환자 챔버 안에 있는 정결탕

🏺 여인의 뜰에 있는 4개의 챔버들

목재 챔버(Wood Chamber)

목재 챔버는 여인의 뜰 북동쪽에 있는 챔버로서 번제단에서 태울 목재를 보관하던 방이다. 부정한 것과 접촉해 성전 내부의 직무에서 자격이 박탈된 제사장들이 이곳에서 일했다. 이들은 목재 챔버에서 해충이 먹어 번제단의 목재로 합당하지 않은 나무들을 분류하는 일을 했다.

예수님 당시에는 성전의 번제단에 쓰일 목재를 베는 특별한 날이 있었다. 1년에 9번 절기로 정하여 나무를 베었는데, 그 중 가장 마지막에 있는 절기가 '투베아브'라는 절기였다. 이날은 유대 달력으로 '아브'(אב) 월(국제력으로는 8월) 15일이다. 이스라엘의 날씨는 투베아브가 지나면서 습도가 높아지고 나무 껍질에 해충이 만연한다. 그래서 이날을 기점으로 나무 베는 것을 멈추는 것이다. '투베아브'를 '도끼를 부러뜨리는 날'이라는 재미있는 별칭으로 부르는 것도 이 때문이다.

바벨론 포로에서 귀환한 후 유다 땅의 총독이 된 느헤미야는 율법의 절기를 좇아 정해진 날에 나무를 베었다고 하나님께 고백하고 있다.

> 또 우리 제사장들과 레위 사람들과 백성들이 제비 뽑아 각기 종족대로 해마다 정한 시기에 나무를 우리 하나님의 전에 바쳐 율법에 기록한 대로 우리 하나님 여호와의 제단에 사르게 하였고 _느 10:34

성서시대에는 투베아브 때 하는 특별한 행사가 있었다. 이스라엘 전역의 여인들은 흰옷을 입고 주변에 있는 포도원에 가서 둥글게 원을 만들어 춤을 추었다. 마치 우리나라의 강강수월래 춤을 연상하게 한다. 이때 남자들도 축제가 벌어지는 포도원으로 가서 여자들을 만났는데, 이로써 이스라엘 선남선녀의 자유로운 짝짓기가 이루어졌다.

특히 사사시대에는 성막이 있던 실로의 포도원 축제가 유명했는데, 이곳에는 이스라엘의 열두 지파에서 모인 선남선녀들을 위한 전국적인 축제가 열렸다. 평소에는 지파 내 결혼만 허락되었지만 이날만큼은 유일하게 지파의 한계를 벗어나 자신이 원하는 짝을 찾을 수 있었다.

실로의 포도원 축제는 에브라임 출신 레위인의 첩으로 인해 이스라엘에 내전이 발생하는 사건에서 처음 언급된다. 베냐민 지파의 기브아 사람

실로의 포도원 축제

들은 레위인의 첩을 집단 강간함으로써 하나님 앞에서 참람한 죄를 범했다. 결국 베냐민 지파에 대항해 일어난 내전은 이스라엘 연합군의 승리로 끝났다.

그러나 베냐민 지파가 모두 죽고 600명의 남자들만 남게 되자, 이스라엘 연합군은 멸절할 위기에 놓인 베냐민 지파를 유지하기 위한 묘수를 찾기 시작했다. 이때 그들이 떠올린 것이 실로의 포도원 축제였다. 살아남은 600명의 베냐민 지파 남자들이 실로의 포도원 축제에 참여해 처녀 서리를 통해 아내를 삼도록 했던 것이다.

또 이르되 보라 벧엘 북쪽 르보나 남쪽 벧엘에서 세겜으로 올라가는 큰 길 동쪽 실로에 매년 여호와의 명절이 있도다 하고 베냐민 자손에게 명령하여 이르되 가서 포도원에 숨어 보다가 실로의 여자들이 춤을 추러 나오거든 너희는 포도원에서 나와서 실로의 딸 중에서 각각 하나를 붙들어 가지고 자기의 아내로 삼아 베냐민 땅으로 돌아가라 _삿 21:19-21

나병환자 챔버(Lepers Chamber)

여인의 뜰 북서쪽에 있는 챔버다. 이곳은 나병에서 치료받아 나은 사람이 다시 사회에 복귀할 수 있도록 돕는 곳이다.

성경에 나오는 '나병'은 죄와 그로 인한 죽음을 상징한다. 나병환자는 이스라엘 공동체에서 제외되어 지정된 구역에서만 살아야 했다. 이를 어기면 채찍 40대의 형벌을 받았다. 나병환자도 회당 예배에 참석할 수 있지만 다른 회중이 오기 전에 미리 들어가야 했고 회중이 모두 나간 후에 나가야 했다. 회당 안에서도 회중과 격리된 공간에서 혼자 예배드려야 했다.

나병환자와 접촉하는 것은 곧 부정해지는 것을 의미했으므로 이들은 철저하게 격리된 멀리 떨어진 마을에서 살았다. 이 때문에 나병환자들은 예수님이 지나가도 감히 가까이 접근하지 못하고 '멀리 서서 목소리만 높여' 간구할 수밖에 없었다.

한 마을에 들어가시니 나병환자 열 명이 예수를 만나 멀리 서서 소리를 높여 이르되 예수 선생님이여 우리를 불쌍히 여기소서 하거늘
_눅 17:12-13

예수님은 3년의 공생애 동안 나병환자, 세리, 창기와 같이 당시의 공동체에서 소외된 사람들을 집중적으로 심방하고 도우셨다. 특히 복음서에 보면 예수님이 나병환자를 고쳐 주시는 부분이 종종 나온다.

예수께서 이르시되 삼가 아무에게도 이르지 말고 다만 가서 제사장에게 네 몸을 보이고 모세가 명한 예물을 드려 그들에게 입증하라 하시니라 _마 8:4

산상수훈 설교를 마친 예수님은 산에서 내려와 다시 가버나움으로 향하셨다. 이때 예수님은 나병환자의 간구를 들어 손을 나병환자의 몸에 대며 치료해 주셨다. 그런데 재미있는 점은 그것으로 끝나지 않고 예수님

이 완치된 나병환자에게 또 다른 명령을 하셨다는 것이다.

"제사장에게 가서 네 몸을 보이고 성전에 가서 모세가 명한 예물을 드려라."

우리는 흔히 예수님이 구약에 나오는 모세의 율법을 모두 폐기하고 은혜의 새로운 시대를 여신 것으로 생각한다. 그리고 율법과 은혜를 서로 대치되는 개념으로 여기고, 구약은 율법의 시대로, 신약은 은혜의 시대로 선포한다. 그러나 예수님은 분명히 말씀하셨다.

내가 율법이나 선지자를 폐하러 온 줄로 생각하지 말라 폐하러 온 것이 아니요 완전하게 하려 함이라 _마 5:17

🏺 나병환자의 정결례

예수님이 말씀하신 '모세가 명한 예물'은 무엇일까? 사회에서 격리되어 생활하던 나병환자는 예수님으로부터 치료를 받은 후 어떤 과정을 거쳐서 사회에 복귀하게 되었을까?

레위기 14장 1-19절은 이 부분에 대해서 자세히 설명하고 있다. 나병환자의 정결례는 두 단계로 나누어 행했다.

1단계_성 밖에서 나병환자의 몸을 확인함

제사장이 성 밖에서 나병환자가 정말 치유되었는지 확인해야 한다. 이 검사는 매우 철저하게 행해졌는데, 이른 아침과 저녁, 구름이 낀 날은 검사를 하지 못했다. 구전 율법에 정해진 검사 시간은 아침 9-12시, 오후 1-3시였다.

이렇게 검사해서 나병에서 완치된 것이 확실하면 제사장은 '완치'를 선포하는 복잡한 의식을 행했다. 흐르는 물을 질그릇에 떠서 그 안에 새 한 마리를 잡아 피를 떨어뜨린다. 다른 새 한 마리를 백향목, 우슬초, 홍색실과 함께 묶어 이 핏물을 찍어 완치된 나병환자의 이마 또는 손등에 일곱 번 뿌리며 "깨끗하다"고 선포한 후 새를 들판에 놓아 준다.

> 다른 새는 산 채로 가져다가 백향목과 홍색실과 우슬초와 함께 가져다가 흐르는 물 위에서 잡은 새 피를 찍어 나병에서 정결함을 받을 자에게 일곱 번 뿌려 정하다 하고 그 살아 있는 새는 들에 놓을지며 _레 14:6-7

이후 병이 나은 사람은 성 밖에 있는 자기 집에 가서 옷을 빨고 몸의 모든 털을 면도칼로 깎고 몸을 씻는다. 이 상태로 집에서 7일을 칩거하면서 둘째 단계를 기다린다.

예수님 당시에 랍비들은 나병환자의 정결례에 사용되는 두 마리의 새를 '참새'로 규정했는데 예수님도 두 마리의 참새에 대해서 언급하셨다. 두 마리의 참새는 크기와 색깔이 같아야 했고 같은 날에 구입해야 했다.

참새 두 마리가 한 앗사리온에 팔리지 않느냐 그러나 너희 아버지께서 허락하지 아니하시면 그 하나도 땅에 떨어지지 아니하리라 _마 10:29

2단계_성전에서 사회 복귀를 준비함

집에서 칩거한 지 7일째 되는 날 나병환자는 다시 옷을 빨고 온몸의 털을 깎은 다음 성전의 나병환자 챔버의 정결탕에서 몸을 씻는다. 이후 니카노르 게이트에서 어린 숫양을 속건제로 드린다. 두 명의 제사장이 숫양을 잡아 한 명은 피를 그릇에 받고, 다른 한 명은 피를 왼손에 받는다. 그릇에 피를 받은 제사장은 피를 번제단 옆에 붓는다. 자신의 왼손에 피를 받은 제사장은 니카노르 게이트에서 기다리고 있는 나병환자에게 향한다. 제사장은 오른 손가락으로 피를 찍어 나병환자의 오른쪽 귀, 오른쪽 엄지손가락, 오른쪽 엄지발가락에 바른다.

제사장은 그 속건제물의 피를 취하여 정결함을 받을 자의 오른쪽 귓부리와 오른쪽 엄지손가락과 오른쪽 엄지발가락에 바를 것이요 _레 14:14

CHAPTER

나실인은 어떤 계명을 지켰을까?

나실인 챔버에서 했던 나실인 서약

나실인 챔버에서 머리카락을 깎는 서원자

🏺 나실인 챔버(Nazirite Chamber)

나실인 챔버는 여인의 뜰 남동쪽에 있는 챔버로서 이곳에서 나실인의 서원이 이루어졌다. 민수기 6장은 나실인 서원에 관한 율법을 자세하게 다루고 있다. 우선 나실인 서원자는 니카노르 게이트에서 제사장에게 숫양을 속건제로 바쳤다.

> 자기 몸을 구별하여 여호와께 드릴 날을 새로 정하고 일년 된 숫양
> 을 가져다가 속건제물로 드릴지니라 _민 6:12상

나실인 서원자는 제사장이 번제단에서 잡은 숫양을 나실인 챔버로 가져와 화로에서 끓는 물에 삶는다. 이곳에서 나실인 서원자는 머리카락을 자르고, 잘린 머리카락은 화로의 불에 던져서 태운다. 다른 곳에서 서원하여 미리 머리카락을 깎은 사람은 자른 머리카락을 성전의 나실인 챔버에 가져와서 속건제로 바친 숫양을 삶는 화롯불에 넣어 태워야 했다. 전도 여행 중인 바울은 겐그레아에서 서원을 하고 머리를 깎았다.

> 바울은 더 여러 날 머물다가 형제들과 작별하고 배 타고 수리아로
> 떠나갈새 브리스길라와 아굴라도 함께 하더라 바울이 일찍이 서원
> 이 있었으므로 겐그레아에서 머리를 깎았더라 _행 18:18

바울은 초대교회 의장인 야고보의 조언대로 겐그레아에서 깎은 머리

카락을 들고 성전의 나실인 챔버에서 태움으로써 나실인 서원을 위한 계명을 충족시켰다. 야고보는 이렇게 함으로써 바울이 율법을 지키지 않는 자라는 유대인들의 송사를 피하도록 조언한 것이다.

> 우리가 말하는 이대로 하라 서원한 네 사람이 우리에게 있으니 그들을 데리고 함께 결례를 행하고 그들을 위하여 비용을 내어 머리를 깎게 하라 그러면 모든 사람이 그대에 대하여 들은 것이 사실이 아니고 그대도 율법을 지켜 행하는 줄로 알 것이라 _행 21:23-24

나실인 서원은 다른 계명과 달리 자발적인 서원에 의해 이루어졌기 때문에 높은 차원의 계명 준수가 요구되었다. 제사장은 성전 직무 동안만 포도주를 금했지만 나실인은 서원 기간 내내 금지되었고 심지어 포도의 씨와 껍질까지도 금지되었다.

> 포도주와 독주를 멀리하며 포도주로 된 초나 독주로 된 초를 마시지 말며 포도즙도 마시지 말며 생포도나 건포도도 먹지 말지니 자기 몸을 구별하는 모든 날 동안에는 포도나무 소산은 씨나 껍질이라도 먹지 말지며 _민 6:3-4

제사장은 가까운 친척을 제외한 시체 접촉이 금지되었지만, 나실인은 대제사장처럼 부모와 형제의 시체 접촉마저 금지되었다.

그의 부모 형제 자매가 죽은 때에라도 그로 말미암아 몸을 더럽히지
말 것이니 이는 자기의 몸을 구별하여 하나님께 드리는 표가 그의
머리에 있음이라 _민 6:7

나실인 서원 기간은 최하 30일에서 평생을 드릴 수 있었고, 이 기간 동
안은 머리카락을 자를 수 없었다. 성경에는 '평생 나실인'이 세 명 나오는
데, 삼손, 사무엘, 세례 요한이 그들이다. 나실인은 머리카락이 우연이라
도 손실되지 않게 하기 위해 빗질도 금지되었다.

나실인에게 요구되는 계명은 거의 대제사장과 같은 높은 수준이었지
만, 그에 상응하는 사회적 존경이 따랐다. 이로 인해 예수님 당시에 나실
인 서원은 함부로 남용되었고, '하나님께 바쳐졌다'는 것을 의미하는 '고
르반'(קרבן)을 선포하면 '부모를 공경하라'는 십계명의 율법도 가볍게 초
월할 수 있었다. 마가복음에 나오는 말씀은 '고르반'을 선포하며 나실인
서원을 남용하던 당시의 종교적 해악을 배경으로 하고 있다.

모세는 네 부모를 공경하라 하고 또 아버지나 어머니를 모욕하는
자는 죽임을 당하리라 하였거늘 너희는 이르되 사람이 아버지에게
나 어머니에게나 말하기를 내가 드려 유익하게 할 것이 고르반 곧
하나님께 드림이 되었다고 하기만 하면 그만이라 하고 _막 7:10-11

나실인 서원을 어기면 심각한 처벌을 받았으므로, 잠언 기자는 신중하
게 살핀 후에 나실인 서원을 하도록 권면하였다. 함부로 남발한 서원은

자칫 그 사람에게 덫이 되고 족쇄가 될 수 있기 때문이다.

> 함부로 이 물건이 거룩하다 하여 서원하고 그 후에 살피면 그것이
> 그 사람에게 덫이 되느니라 _잠 20:25

🏺 포도주와 올리브 기름 챔버(Oil and Wine Chamber)

'포도주와 올리브 기름 챔버'는 여인의 뜰 남서쪽에 있는 챔버다. 이곳은 밀가루 소제에 붓는 올리브 기름과 관제(libation)로 드려지는 포도주를 보관하던 곳이다. 고대 이방 종교에서 신에게 술을 드리는 것은 보편적인 문화였는데, 주로 포도주나 물이 사용되었다.

예수님 당시 유대 문헌은 어떤 사람의 생명을 희생제사의 '관제'로 붓는 것에 대해 묘사하고 있다. 특히 의인의 순교는 희생제사로서 가치가 있으며 다른 사람의 죄를 속죄한다고까지 여겼다. 죽음이 임박한 바울은 자신의 생명을 '관제'로 드리겠다는 비장한 각오를 두 곳의 서신서에서 밝히고 있다.

> 만일 너희 믿음의 제물과 섬김 위에 내가 나를 전제로 드릴지라도
> 나는 기뻐하고 너희 무리와 함께 기뻐하리니 _빌 2:17

> 전제와 같이 내가 벌써 부어지고 나의 떠날 시각이 가까웠도다 _딤후 4:6

포도주와 올리브 기름 챔버에서 일하는 제사장들

CHAPTER

13

예수를 출산한 후
마리아가 성전에 가서 한 일은 무엇일까?

첫아이를 위해 드리는 초태생 속전

초태생 게이트에서 초태생 속전을 드리는 여인들

니카노르 게이트를 지나자마자 '이스라엘의 뜰'이 나온다. 이곳은 이스라엘 남자들이 제물을 가지고 들어가 제사장을 만나는 곳이다. 이스라엘의 뜰에서 2개의 계단을 올라가면 '제사장의 뜰'이 나온다.

제사장의 뜰에는 번제단과 물두멍이 있었고, 번제단 북쪽에는 제물로 바칠 동물을 도살하는 테이블이 있었다.

🏺 제사장의 뜰로 들어가는 문

제사장의 뜰로 들어가는 문은 남쪽과 북쪽에 각각 3개 있었다.

남쪽의 게이트

• 목재 게이트(Wood Gate)

번제단에서 태울 목재를 헌물로 바치는 경우 그 목재는 이 문을 통해 들어갔다. 제사장은 목재를 여인의 뜰에 있는 목재 챔버로 옮기고 번제단에서 태우기에 합당한지를 확인하였다.

• 초태생 게이트(First Born Gate)

율법은 사람과 동물의 초태생이 여호와의 소유라고 선포한다. 이곳에서 초태생을 위한 속전이 치러졌다.

• 워터 게이트(Water Gate)

초막절 때 대제사장이 이 문을 통해 나와서 실로암 연못의 물을 떠왔다.

북쪽의 게이트

• 불꽃 게이트(Flame Gate)

이곳에는 24시간 내내 타는 불꽃이 있었다. 성전 안의 등불이 꺼지면 늘 이곳의 불꽃으로 재점화해야 했다.

• 희생제물 게이트(Sacrifice Gate)

매일 아침과 저녁으로 드리는 상번제의 희생제물이 들어오는 문이다.

• 본부 게이트(Beit-Moked Gate)

직무 중인 제사장들이 밤에 유숙하는 본부 건물로 들어가는 문이다.

🏺 마리아의 초태생 속전과 정결례

아들을 낳은 산모는 7일간 부정하고 33일 후에 산혈이 깨끗해졌다. 반면 딸을 낳은 산모는 14일간 부정하고 66일 이후 산혈이 깨끗해졌다(레 12:1-5).

마리아는 아들을 낳았으므로 33일 후에 산혈이 깨끗해져 성전에 들어갈 수 있었다. 요셉은 모세의 법대로 33일의 '결례의 날이 차자' 아내인 마리아와 함께 성전을 방문해 초태생 속전을 드렸다.

> 모세의 법대로 정결예식의 날이 차매 아기를 데리고 예루살렘에 올라가니 이는 주의 율법에 쓴 바 첫 태에 처음 난 남자마다 주의 거룩한 자라 하리라 한 대로 아기를 주께 드리고 _눅 2:22-23

마리아는 초태생 게이트에 서서 초태생으로 태어난 아기 예수를 보이고 속전의 값을 치렀다. 아기 예수는 생후 33일이므로 은 다섯 세겔을 치러야 했다.

일 개월로부터 다섯 살까지는 남자면 그 값을 은 다섯 세겔로 하고 여자면 그 값을 은 삼 세겔로 하며 _레 27:6

초태생 속전을 마친 마리아는 다시 여인의 뜰에 있는 니카노르 게이트에서 출산 여성을 위한 정결례를 드렸다. 이는 번제로 양을, 속죄제로 비둘기를 바치는 것이다. 그러나 가난한 사람은 번제를 비둘기로 대체할 수 있었다. 가난한 마리아는 두 마리의 비둘기로 번제와 속죄제를 드렸다.

또 주의 율법에 말씀하신 대로 산비둘기 한 쌍이나 혹은 어린 집비둘기 둘로 제사하려 함이더라 _눅 2:24

CHAPTER

제사장의 뜰은 어떤 곳일까?

정결한 제사를 위해 준비된 챔버들

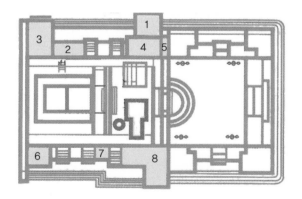

〈 제사장의 뜰에 있는 대표적인 챔버들 〉

1. 휘장 챔버
2. 양 챔버
3. 본부 챔버
4. 파르바 챔버
5. 비느하스 챔버

6. 스톤 챔버
   스톤 챔버의 위층: 대제사장 챔버
7. 골라 챔버
8. 다듬은 돌 챔버

🏺 제사장의 뜰에 있는 챔버들

제사장의 뜰 주변에 있던 챔버와 관련해서는 논란이 많다. 유대 문헌인 〈미쉬나〉에서 같은 챔버를 여러 개의 서로 다른 이름으로 사용하여 혼란을 주기 때문이다. 대표적인 챔버들은 다음과 같다.

다듬은 돌 챔버(Hewn Stone Chamber)

잘 다듬은 정방형의 돌로 만든 방이다. 기원후 30년 전까지 산헤드린 공회가 이곳에서 열렸다. 산헤드린 공회는 30년 이후에 왕의 행각 동쪽으로 이주했다.

파르바 챔버(Parwah Chamber)

번제단에서 태우는 희생제물에 뿌리는 소금을 보관하는 방이다. 이 방의 지하에 제사장을 위한 정결탕이 있다. 이 방의 위층에는 대제사장을 위한 정결탕이 있다.

비느하스 챔버(Pinchas Chamber=Vestment Keeper's Office)

제사장의 옷이 보관된 방이다. 직무를 맡은 제사장은 이곳에서 옷을 가지고 파르바 챔버 지하의 정결탕에 가서 정결례를 한 후 제사장복으로 갈아입는다.

양 챔버(Lamb Chamber)

매일 아침과 저녁에 드리 는 상번제에 바칠 양을 보관하는 방이다. 제물로 바칠 양은 4일 전에 이곳에 도착해 흠이 있는지 여부를 조사받았다. 최소 6마리의 양이 보관되었다.

골라 챔버(Golah Chamber)

물두멍의 물을 채우는 워터 펌프(water pump)가 보관된 방이다. 유대 종교법에서 종교적인 목적을 위해 사용되는 물은 이쪽 대야에서 저쪽 대야로 옮겨 사용할 수 없었다. 즉 고여 있는 물은 더 이상 정결한 물로 인식되지 않았던 것이다. 제사장의 뜰 내의 물은 시내처럼 항상 흘러 물두멍에 모였는데, 전체적인 물 흐름의 조절이 이루어지던 곳이 골라 챔버이다. 물두멍의 물은 아침에 채워지고 저녁에는 완전히 비워졌다.

휘장 챔버(Curtain chamber)

82명의 여인들이 이곳에 기거하며 성전에서 사용되는 모든 휘장을 짰다.

본부 챔버(Beit-Moked Chamber=Chamber of Hearth)

성전 직무 중인 제사장들이 밤에 기거하는 방으로 4층으로 되어 있다. 이곳에서 진설병이 구워졌다. 지하에 제사장들을 위한 정결탕이 있으며, 바닥 구석에 성전 열쇠를 보관하는 곳이 있다.

스톤 챔버(Stone Chamber)

서기관들이 성경을 필사하고 성전 직무 관련 문서를 기록하는 방이다.

대제사장 챔버(High Priest Chamber)

스톤 챔버의 위층에 있으며 대제사장이 거주하는 방이다. 특히 대속죄일에 대제사장은 이곳에서 일주일간 칩거하며 대속죄일 제사법에 대해 복습했다.

CHAPTER

사가랴가 벙어리가 된 것을
성소 밖의 백성이 어떻게 알았을까?

성전의 하루

직무 중인 제사장은 '본부 챔버'에서 잠을 잔다. 불침번 제사장이 잠을 깨우면 제사장들은 본부 챔버 지하에 있는 정결탕에서 몸을 씻은 후 횃불을 들고 제사장의 뜰에 둥그렇게 모인다. 이후 '다듬은 돌 챔버'에 모여 네 차례에 걸친 제비뽑기를 통해 당일의 성전 직무를 배정한다.

첫 번째 제비뽑기

첫 번째 제비뽑기에서 걸린 사람은 제단 청소와 제단의 불을 준비하는 일을 하게 된다. 제비뽑기에 걸린 사람은 즉시 밖으로 나가 물두멍에서 손발을 씻는다. 제사장의 뜰에 있는 물두멍에서 12명의 제사장이 동시에 손발을 씻을 수 있었다.

손발을 씻은 제사장은 번제단에 올라가 전날 번제를 드리고 남은 재를 모아서 제단 남동쪽 바닥에 있는 '재 버리는 구멍'에 버린다.

이후 여인의 뜰에 있는 '목재 챔버'로 가서 벌레 먹지 않고 흠이 없는 목재를 받아서 번제단 위에 올려놓는다. 목재는 하루에 두 번, 매번 두 개씩 번제단에 올렸는데 주로 무화과나무가 번제단의 목재로 사용되었다.

제단 위의 불은 항상 피워 꺼지지 않게 할지니 제사장은 아침마다 나무를 그 위에서 태우고 번제물을 그 위에 벌여 놓고 화목제의 기름을 그 위에서 불사를지며 _레 6:12

전날 번제에서 남은 재를 버리는 제사장

🏺 두 번째 제비뽑기

남은 제사장들은 계속해서 두 번째 제비뽑기를 진행한다. 두 번째 제
비뽑기에 걸린 사람은 자신의 주변에서 12명의 제사장을 모아 한 조가
되어 직무를 감당한다. 이들이 맡은 역할은 번제단에 제물을 올리고 성
소의 분향단과 촛대를 손질하는 일이다.

두 번째 제비뽑기가 끝나면 반차 제사장의 대표는 즉시 성전 꼭대기에
사람을 보내 제물 잡을 시간을 확인한다. 성전 꼭대기에 올라간 제사장

이 "아침이 이미 밝았다"고 선포하면 제사장 대표는 "하늘이 헤브론까지 밝았는가?"라고 묻는다. "그렇다"는 보고가 들리면 '양 챔버'에서 아침 번제에서 도살할 양을 끌고 나온다. 다른 제사장들은 93개의 성전 기명을 가지고 나온다.

제물을 드리기 전에 성전 꼭대기에 사람을 보내 '해가 밝았는가'를 확인하는 것은 해가 진 후와 해가 뜨기 전에는 제물을 바칠 수 없기 때문이다. 유월절 이른 아침에 대제사장과 장로들은 예수님을 빌라도에게 넘겼는데, 그 시간은 아침 번제를 위해 '양 챔버'에서 양을 데리고 나오는 시간이었다. 바로 그 순간에 이사야 선지자의 예언이 정확하게 성취되었던 것이다.

> 새벽에 모든 대제사장과 백성의 장로들이 예수를 죽이려고 함께 의논하고 결박하여 끌고 가서 총독 빌라도에게 넘겨 주니라 _마 27:1-2

> 그가 곤욕을 당하여 괴로울 때에도 그의 입을 열지 아니하였음이여 마치 도수장으로 끌려가는 어린 양과 털 깎는 자 앞에서 잠잠한 양 같이 그의 입을 열지 아니하였도다 _사 53:7

제사장은 성소 현관으로 가서 북쪽의 작은 문을 열고 들어가 성소의 문을 연다. 유대 문헌인 〈미쉬나〉에 보면 성소의 문을 여는 소리가 멀리 여리고까지 들렸다고 한다. 성소의 문을 열 때는 등을 동쪽으로 향했는데, 이는 그 시간에 동쪽에서 떠오르는 태양을 등지기 위함이었고 온몸으로 태양신 숭배를 거부한다는 표시였다.

성소의 문이 열리고, 이어서 니카노르 게이트가 열린다. 성소의 문들이 열리면 이를 알리는 은나팔이 울리고 이를 신호로 제사장은 촛대와 분향단을 손질하러 성소에 들어간다. 그리고 아침 번제로 바칠 양의 도살이 시작된다.

양 도살은 아침 번제 때는 번제단의 북서쪽에서, 저녁 번제 때는 번제단의 북동쪽에서 이루어진다. 이것은 아침 시간에는 태양이 동쪽에 있고, 저녁 시간에는 서쪽에 있기 때문이다. 양을 잡을 때도 역시 태양과 반대 방향에서 하는데 태양신 숭배를 거부하는 의미가 담겨 있다.

양의 피가 번제단에 뿌려질 때 성소에 들어간 제사장은 촛대의 심지를 갈고 기름을 채운다. 이때 촛대의 일곱 가지 가운데 다섯 개만 손질하고, 가운데 가지와 나머지 하나는 다음 단계를 위해 남겨 둔다.

도살한 양을 가지고 여섯 명의 제사장들이 제단 위로 올라가서 제물에 소금을 뿌린다. 제단에 드리는 제물은 관제를 제외하고 모두 소금을 뿌렸다. 이때 세 명의 다른 제사장들이 대제사장을 위해 매일 드리는 소제와 관제를 가지고 번제단에 올라간다.

매일 아침과 저녁 번제를 통해 드려진 양의 가죽은 안식일 전날에 그 주간에 섬긴 반차의 제사장들이 골고루 나누어 갖는다.

🏺 세 번째 제비뽑기

제사장들은 다시 '다듬은 돌 챔버'에 모여 세 번째, 네 번째 제비뽑기를 연속해서 실시한다. 제비뽑기를 하기 전에 제사장들은 십계명과 쉐마 이스라엘 기도문을 낭송하며 가장 엄숙한 시간이 시작되었음을 알린다. 이는 매일 번제에서 가장 거룩한 직무인 분향하는 제사장을 뽑는 시간이기 때문이다.

분향을 위한 제비뽑기는 이전에 한 번이라도 걸렸던 사람은 제외한다. 아침 번제의 제비뽑기에서 걸린 사람은 저녁 번제에도 동일하게 섬겼으므로 저녁 번제를 위한 제비뽑기는 없었다. 그러나 분향을 위한 세 번째 제비뽑기는 저녁 번제에서 다시 실시했다. 이로써 거룩한 직무인 분향하는 역할이 되도록 많은 제사장들에게 돌아갈 수 있도록 배려한 것이다.

평생 한 번 걸리는, 운이 없으면 죽을 때까지 한 번도 해보지 못하고 죽을 수도 있는 분향의 직무에 세례 요한의 아버지인 사가랴가 뽑혔다.

> 마침 사가랴가 그 반열의 차례대로 하나님 앞에서 제사장의 직무를 행할새 제사장의 전례를 따라 제비를 뽑아 주의 성전에 들어가 분향하고 _눅 1:8–9

분향 제사에 뽑힌 제사장은 자신의 친구 중 두 명을 보조 제사장으로 선택한다. 이어서 네 번째 제비뽑기가 실시된다.

분향 제사장과 두 명의 보조 제사장은 번제단으로 향한다. 한 명의 보

분향단에서 분향하는 제사장들

조 제사장은 향을 채운 금 대접을 들고, 다른 보조 제사장은 번제단에서 타는 숯을 금삽으로 퍼서 내려온다.

분향 제사장과 두 명의 보조 제사장은 함께 성소로 들어가는 계단을 오른다. 두 번째 제비뽑기에서 촛대와 분향단을 손질한 제사장이 이들을 호위하며 앞장선다. 이들이 성소로 향하는 계단을 오를 때 심벌즈가 울리고 레위인 찬양대는 성소를 바라보며 계단에 정렬한다.

성소에 들어간 후 두 명의 제사장은 분향단 위에 숯불을 깔고 향을 정리한 후에 밖으로 나간다. 이제 성소 안은 분향 제사장만 혼자 남게 된다. 바로 이때 천사 가브리엘이 분향 중이던 사가랴에게 나타난 것이다. 이것이 바로 성전에 천사가 나타난 최초이자 마지막 사건이다. 가브리엘은 일반 제사장이 할 수 있는 가장 거룩한 직무인 분향을 하던 사가랴에게 놀라운 메시지를 전해 주었다. 바로 세례 요한의 탄생을 알린 것이다.

> 주의 사자가 그에게 나타나 향단 우편에 선지라 사가랴가 보고 놀라며 무서워하니 천사가 그에게 이르되 사가랴여 무서워하지 말라 너의 간구함이 들린지라 네 아내 엘리사벳이 네게 아들을 낳아 주리니 그 이름을 요한이라 하라 _눅 1:11-13

성소에 홀로 남은 분향 제사장은 니카노르 게이트에 서 있는 반차 제사장 대표의 신호에 따라 분향을 한다. 이때 기도하러 성전의 '여인의 뜰'에 모인 사람들은 엄숙한 침묵 가운데 기도한다. 사가랴가 분향할 때 성소 밖에 모인 백성은 모두 기도에 동참하고 있었던 것이다.

> 모든 백성은 그 분향하는 시간에 밖에서 기도하더니 _눅 1:10

분향은 금 대접에서 향을 한 움큼 꺼내 분향단의 숯불 위에서 태우는 것이다. 그러면 분향의 연기가 성소 안을 구름처럼 뒤덮는다. 아침부터 성전에 기도하러 모여든 예배자들의 엄숙한 기도가 성소 안에 자욱한 분향의 연기와 함께 드려진다. 성전 제사에서 가장 거룩한 시간이 바로 이 시간이다. 분향의 연기는 성전 예배자들의 기도였던 것이다.

그 두루마리를 취하시매 네 생물과 이십사 장로들이 그 어린 양 앞에 엎드려 각각 거문고와 향이 가득한 금 대접을 가졌으니 이 향은 성도의 기도들이라 _계 5:8

또 다른 천사가 와서 제단 곁에 서서 금 향로를 가지고 많은 향을 받았으니 이는 모든 성도의 기도와 합하여 보좌 앞 금 제단에 드리고자 함이라 향연이 성도의 기도와 함께 천사의 손으로부터 하나님 앞으로 올라가는지라 _계 8:3-4

성소의 분향과 함께 여인의 뜰에 모인 예배자들은 두 손을 들고 침묵 가운데 기도한다. 두 손을 하늘로 향해 들고 기도하는 것이 성경에 나오는 기도 법이다. 오늘날처럼 두 손을 모으고 하는 기도는 5세기 영국의 색슨족에서 유래한 것이다.

나의 기도가 주의 앞에 분향함과 같이 되며 나의 손 드는 것이 저녁 제사같이 되게 하소서 _시 141:2

기도가 끝나면 촛대를 닦은 제사장이 성소에 다시 들어가서 아직 손질하지 않은 나머지 두 가지의 촛대의 심지를 갈고 올리브 기름을 채운다. 이들은 분향 제사장과 함께 성소 밖으로 나와 성소 계단 꼭대기에 선다. 이전에 분향 제사장을 보조하던 두 명과 분향단을 닦았던 제사장도 분향 제사장과 함께 일렬로 선다. 이들은 모두 거룩한 장소인 성소에 한 번

성전에서 기도하는 예배자

이상 들어갔다 나온 제사장들이다. 그리고 다섯 명의 제사장을 중심으로 반차에 속한 일단의 제사장들이 모두 모여서 정렬한다. 이후 분향 제사장의 선창으로 제사장의 축복문이 낭송된다.

여호와께서 모세에게 말씀하여 이르시되 아론과 그 아들들에게 말하여 이르기를 너희는 이스라엘 자손을 위하여 이렇게 축복하여 이르되 여호와는 네게 복을 주시고 너를 지키시기를 원하며 여호와는 그의 얼굴을 네게 비추사 은혜 베푸시기를 원하며 여호와는 그 얼굴을 네게로 향하여 드사 평강 주시기를 원하노라 할지니라 하라 그

들은 이같이 내 이름으로 이스라엘 자손에게 축복할지니 내가 그들
에게 복을 주리라 _민 6:22-27

분향 제사장이었던 사가랴는 세례 요한의 탄생을 알리는 천사 가브리
엘의 메시지를 믿지 못했다. 결국 불신에 대한 징계로 그는 벙어리가 되
었다.

보라 이 일이 되는 날까지 네가 말 못하는 자가 되어 능히 말을 못
하리니 이는 네가 내 말을 믿지 아니함이거니와 때가 이르면 내 말이
이루어지리라 하더라 _눅 1:20

밖에서 기도하던 백성은 분향하러 들어간 사가랴가 성소 밖으로 나오
는 것이 지체되자 이상하게 여겼다. 그러나 한참 후에 밖으로 나와 성소
계단의 꼭대기에 선 사가랴는 여전히 넋이 나간 표정이었다. 두 손을 들
고 제사장의 축복을 선창해야 했지만 그는 두 손을 든 채 아무 말이 없
었다. 결국 네 명의 제사장 중 다른 한 명이 선창을 했을 것이다. 이로써
사가랴가 벙어리가 된 것이 밝혀졌고 백성은 사가랴가 분향 중에 환상
을 본 것이 아닌가 추측하게 된 것이다.

백성들이 사가랴를 기다리며 그가 성전 안에서 지체함을 이상히 여
기더라 그가 나와서 그들에게 말을 못하니 백성들이 그가 성전 안
에서 환상을 본 줄 알았더라 그가 몸짓으로 뜻을 표시하며 그냥 말

못 하는 대로 있더니 _눅 1:21-22

🏺 네 번째 제비뽑기

네 번째 제비뽑기에 걸린 제사장은 제단에서 제물을 태우고 소제와 관
제를 붓는 역할을 맡았다. 제사장들이 축복문 낭송을 위해 성소의 계단
에 정렬할 때 네 번째 제비뽑기에 걸린 제사장은 번제단 위로 올라간다.
축복문 낭송이 끝나면 번제단에 올라간 제사장은 제물을 태운다. 이어

제사장의 축복문을 낭송하는 일단의 제사장들

서 소제, 대제사장을 위한 소제, 관제가 순차적으로 드려진다.

번제단 위에서 관제가 부어지면 다른 제사장이 두건을 흔든다. 이를 신호로 성소를 향해 계단에 정렬한 레위인 찬양대는 매일 드려지는 시편의 노래와 함께 악기를 연주하기 시작한다. 찬양대의 소리가 울려 퍼지면 예루살렘 주민은 아침 기도로 하루를 시작한다.

해가 뜨는 시간에 드리는 아침 번제와 해가 질 무렵에 드리는 저녁 번제가 매일 상번제로 드려졌다. 저녁 번제는 아침 번제와 모든 과정이 똑같고 분향을 위한 세 번째 제비뽑기만 다시 행해졌다. 나머지 직무는 아침 번제에서 뽑힌 제사장이 저녁 번제에도 그대로 섬겼다. 또한 제사장의 축복문 낭송은 아침 번제에서만 행해졌다.

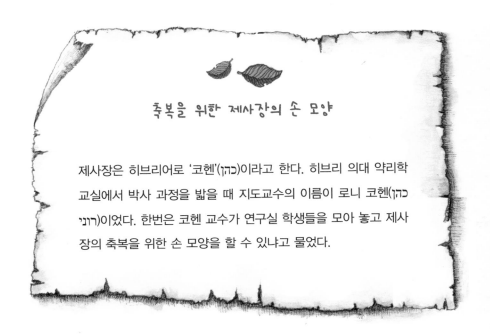

축복을 위한 제사장의 손 모양

제사장은 히브리어로 '코헨'(כהן)이라고 한다. 히브리 의대 약리학 교실에서 박사 과정을 밟을 때 지도교수의 이름이 로니 코헨(כהן רוני)이었다. 한번은 코헨 교수가 연구실 학생들을 모아 놓고 제사장의 축복을 위한 손 모양을 할 수 있냐고 물었다.

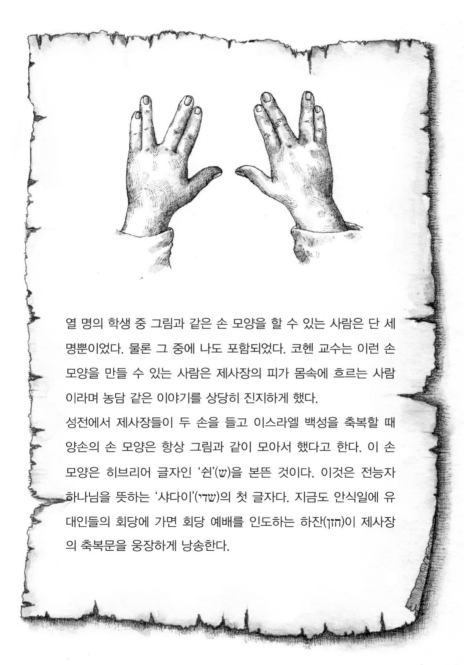

열 명의 학생 중 그림과 같은 손 모양을 할 수 있는 사람은 단 세 명뿐이었다. 물론 그 중에 나도 포함되었다. 코헨 교수는 이런 손 모양을 만들 수 있는 사람은 제사장의 피가 몸속에 흐르는 사람 이라며 농담 같은 이야기를 상당히 진지하게 했다.

성전에서 제사장들이 두 손을 들고 이스라엘 백성을 축복할 때 양손의 손 모양은 항상 그림과 같이 모아서 했다고 한다. 이 손 모양은 히브리어 글자인 '쉰'(ש)을 본뜬 것이다. 이것은 전능자 하나님을 뜻하는 '샤다이'(שדי)의 첫 글자다. 지금도 안식일에 유 대인들의 회당에 가면 회당 예배를 인도하는 하잔(חזן)이 제사장 의 축복문을 웅장하게 낭송한다.

16

예수님이 밤에 도적같이 오실 때 졸고 있으면?

성전에서의 밤

해가 지고 다음날 아침 다시 해가 뜰 때까지 성전에서는 무슨 일이 일어났을까? 성경은 성전이 낮뿐 아니라 밤에도 특별한 프로그램 가운데 돌아가고 있었음을 보여 준다.

또 찬송하는 자가 있으니 곧 레위 우두머리라 그들은 골방에 거주하면서 주야로 자기 직분에 전념하므로 다른 일은 하지 아니하였더라 _대상 9:33

지존자여 십현금과 비파와 수금으로 여호와께 감사하며 주의 이름을 찬양하고 아침마다 주의 인자하심을 알리며 밤마다 주의 성실하심을 베풂이 좋으니이다 _시 92:1

보라 밤에 여호와의 성전에 서 있는 여호와의 모든 종들아 여호와를 송축하라 _시 134:1

🏺 레위인: 성전의 밤을 지키는 파수꾼

성전으로 들어오는 문들을 지키는 일은 제사장이 아니라 레위인이 했다. 이들은 주로 이방인과 비록 이스라엘 사람일지라도 레위기의 정결법상 부정한 자의 성전 출입을 엄격하게 금지하는 일을 했다. 이것은 성전 수비대의 역할이었는데, 성전 수비대 감독이 '성전 맡은 자'라는 말로 사도행전에 등장한다.

> 사도들이 백성에게 말할 때에 제사장들과 성전 맡은 자와 사두개인
> 들이 이르러 _행 4:1

성전의 문들을 지키는 일은 낮 시간뿐 아니라 밤 시간에도 예외가 아니었다. 밤에는 성전의 문들 가운데 24곳에 불침번을 섰다. 21곳은 레위인들이 지키고, 성전 안쪽의 문들 가운데 세 곳은 레위인과 제사장이 함께 지켰다. 각 조는 열 명으로 구성되었고, 성전 안쪽의 세 곳은 레위인과 제사장 각각 열 명씩 20명이 지켰다. 결국 레위인 240명과 제사장 30명이 밤에 성전 곳곳에서 불침번을 선 것이다.

저녁 6시부터 다음날 새벽 6시까지의 밤 시간을 유대인들은 '3경'으로 나누었고, 로마인들은 '4경'으로 나누었다. 예수님의 비유 가운데 나오는 이경(밤 10시~새벽 2시), 삼경(새벽 2~6시)은 사람들이 가장 깊은 잠에 빠져 있는 시간이다.

> 주인이 혹 이경에나 혹 삼경에 이르러서도 종들이 그같이 하고 있는
> 것을 보면 그 종들은 복이 있으리로다 _눅 12:38

마태는 예수님이 갈릴리 바다 위를 유령처럼 걸어오신 시간을 밤 '사경'으로 기록하고 있는데, 이는 로마식 구분으로서 지금의 새벽 3~6시에 해당한다.

불침번을 서지 않고 졸다가 성전 감독에게 제대로 걸린 제사장

밤 사경에 예수께서 바다 위로 걸어서 제자들에게 오시니 _마 14:25

성전 수비대 감독은 밤에 수시로 순찰을 하고, 불침번은 순찰 중인 감독이 오면 합당한 예를 표해야 했다. 만약 불침번을 제대로 서지 않고 졸고 있는 것이 발견되면, 그는 매를 맞고 옷을 **빼앗겨** 불에 태워지는 수치를 당했다. 예수님이 밤에 도적같이 오실 때 우리는 모두 깨어 있어야 하는데, 만약 졸고 있으면 매를 맞고 옷을 **빼앗겨** 벌거벗은 가운데 부끄러움을 당할 것이다.

보라 내가 도둑같이 오리니 누구든지 깨어 자기 옷을 지켜 벌거벗고 다니지 아니하며 자기의 부끄러움을 보이지 아니하는 자가 복이 있도다 _계 16:15

🏺 제사장들은 어디서 잤을까?

저녁 번제가 끝나고 해가 지면 성전 직무가 끝나고 제사장들의 교대가 이루어진다. 직무를 마친 제사장들은 '비느하스 챔버'에서 옷을 갈아입고 샌들을 신고 일반 평신도의 삶으로 돌아간다. 같은 반차에 속한 제사장들은 일주일 동안 함께 성전 봉사를 했지만, 직무를 시작하기에 앞서 각각 직무를 섬기는 날짜를 분담해서 섬겼던 것이다. 자신의 직무가 끝나면 이들은 집으로 돌아가는 것이 아니라 새로운 반차와 임무 교대가 될 때까지 성전 남쪽의 오벨에 머물렀다.

> 그가 여호와의 전 윗문을 건축하고 또 오벨 성벽을 많이 증축하고
> _대하 27:3

오벨에 머물던 제사장 중에서 다음날 아침 번제를 섬겨야 하는 제사장들은 성전 안에서 잠을 잤다. 제사장들이 밤에 기거하는 곳은 '본부 챔버'였다. 이 방은 제사장의 뜰에서 밖으로 튀어나와 있는데, 이는 특별한 이유가 있다. 제사장의 뜰에서는 메시아로 상징되는 다윗의 후손들, 즉 왕자 외에는 어느 누구도 앉아 있을 수 없었다. 그런데 심지어 제사장의 뜰 공간에서 잠을 잔다는 것은 상상도 할 수 없는 일이었다. 그래서 '본부 챔버'를 제사장의 뜰 밖으로 상당 부분 튀어나오게 해서 이러한 전통을 어기지 않고 피해 갔던 것이다.

'본부 챔버'의 바닥에는 성전 열쇠를 보관하는 함이 있었다. 본부 챔버에서 잠을 잘 때 나이가 많은 제사장들이 가장 먼저 누워서 자고 젊은 제사장들은 앉아서 밤을 지새는 것이 관례였다. 하지만 제사장들은 24반차로 나뉘어 1년에 2주밖에 성전 직무를 섬길 수 없었기 때문에, 대부분의 제사장들은 성전 봉사의 흥분과 감격으로 인해 깊은 잠에 빠지지 못했다.

이들이 깊은 잠에 곯아떨어질 수 없었던 또 다른 이유는 언제 갑자기 레위인 불침번이 '본부 챔버'로 들이닥쳐 잠을 깨울지 알 수 없었기 때문이다. '본부 챔버'에서 밤을 보내는 제사장들은 현역 복무 중인 '5분 대기

본부 챔버에서 밤을 보내는 제사장들

조' 군인들처럼 늘 깨어 있어야 했다. 제자들에게 '깨어 있으라'고 권면하신 예수님의 말씀은 현역 복무 중인 제사장들의 상황을 염두에 두고 하신 것이다.

> 그러므로 깨어 있으라 집 주인이 언제 올는지 혹 저물 때일는지, 밤 중일는지, 닭 울 때일는지, 새벽일는지 너희가 알지 못함이라 그가 홀연히 와서 너희가 자는 것을 보지 않도록 하라 _막 13:35-36

레위인 불침번은 갑자기 '본부 챔버'에 쳐들어와 새우잠을 자고 있는 제사장들을 깨웠다. 그리고 이렇게 외쳤다.

"몸을 씻어 정결례를 마친 사람은 즉시 와서 성전 직무를 할당하는 제비뽑기를 하라."

이 말이 떨어지기가 무섭게 제사장들은 본부 챔버 지하에 있는 정결탕에 들어가 몸을 깨끗이 씻었다. 성전 직무에 임하는 제사장은 반드시 정결탕에 온몸을 담그고 깨끗하게 함으로써 직무를 시작할 수 있었던 것이다.

제사장들은 성전에서 직무를 수행할 때 맨발로 봉사했기 때문에 발이 수시로 더러워졌다. 정결탕에서 몸을 깨끗이 한 제사장은 이후에는 발만 수시로 씻으면 충분했다. 아무리 종교성이 있고 영적인 결벽증이 있더라도 하루에 한 번 이상 정결탕에 들어가는 것은 권장되지 않았던 것이다. 바로 이러한 개념에서 예수님이 최후의 만찬장에서 베드로에게 하신 말씀을 이해할 수 있다.

예수께서 이르시되 이미 목욕한 자는 발밖에 씻을 필요가 없느니라
온몸이 깨끗하니라 너희가 깨끗하나 다는 아니니라 하시니 _요 13:10

성전 직무를 위해 정결례를 행하는 제사장들의 관습은 당시 일반 백성 사이에서 세력을 확장해 나가던 바리새인들에게 그대로 적용되어 예수님 당시에는 보편적인 문화로 자리를 잡았다. 바리새인들은 사람이 많이 모이는 시장을 다녀오면 부정한 것과의 접촉을 우려해서 수시로 손과 발을 씻었다.

또 시장에서 돌아와서도 물을 뿌리지 않고서는 먹지 아니하며 그 외에도 여러 가지를 지키어 오는 것이 있으니 잔과 주발과 놋그릇을 씻음이러라 _막 7:4

유명한 가나 혼인 잔치에도 손님들의 정결례를 위한 돌항아리가 집 밖에 놓여 있었다.

거기에 유대인의 정결예식을 따라 두세 통 드는 돌항아리 여섯이 놓였는지라 _요 2:6

그러나 물이 귀한 중동 지방에서 성전의 제사장들에게만 적용되던 정결례를 일반 백성에게 보편화하고 획일화한 바리새인들의 율법 해석은 많은 백성에게 큰 올무가 되었다. 그럼에도 경제력이 있고 종교성을 과시

하기 원하는 바리새인들은 손발을 씻는 것에 만족하지 않았다. 집 앞에 정결탕을 만들어 성전의 제사장처럼 몸을 담그는 목욕재계식 정결례로 하루를 시작했던 것이다. 그러나 바리새인들도 몸을 담그는 정결례를 하루에 한 번으로 제한했다. 예수님 당시에는 성전에서나 백성이 사는 마을에서나 '한 번 목욕한 사람은 발밖에 씻을 필요가 없었던' 것이다.

CHAPTER

유대인들은 성전에서 어떻게 기도했을까?

만인이 기도하는 집

많은 그리스도인들에게 성전은 희생제사를 드리는 곳으로 각인되어 있다. 그러나 성서시대 유대인들에게 성전의 또 다른 중요한 의미는 '기도하는 장소'였다. 아침과 저녁에 매일 드리는 상번제에서 분향 제사를 드리는 시간은 성서시대 유대인들에게 기도의 시간으로 분명하게 인식되어 있었다.

🏺 기도하는 곳, 성전의 발전과 변질

성전에서 드리는 공적인 기도의 전신이라 할 수 있는 모습들이 성경에 등장한다. 한나와 솔로몬의 기도가 대표적인 예다. 한나는 실로에 있던 성막(성전의 전신)에 남편 엘가나와 함께 찾아와 기도를 드렸다.

> 한나가 마음이 괴로워서 여호와께 기도하고 통곡하며 서원하여 이르되 만군의 여호와여 만일 주의 여종의 고통을 돌보시고 나를 기억하사 주의 여종을 잊지 아니하시고 주의 여종에게 아들을 주시면 내가 그의 평생에 그를 여호와께 드리고 삭도를 그의 머리에 대지 아니하겠나이다 _삼상 1:10-11

7년간의 공사 끝에 성전을 완공한 솔로몬은 번제단 앞에서 온 회중을 대표해서 이렇게 기도했다.

성전을 봉헌하면서 두 손을 들고 기도하는 솔로몬

솔로몬이 여호와의 제단 앞에서 이스라엘의 온 회중과 마주서서 하늘을 향하여 손을 펴고 이르되 이스라엘의 하나님 여호와여 위로 하늘과 아래로 땅에 주와 같은 신이 없나이다 주께서는 온 마음으로 주의 앞에서 행하는 종들에게 언약을 지키시고 은혜를 베푸시나이다 _왕상 8:22-23

희생제사와 함께 드리던 성전에서의 공적인 기도는 이사야 시대에 상당히 발전되고 다양화되었던 것 같다. 당시에는 앗수르 제국의 팽창 정책으로 인해 북왕국이 멸망했고 남유다 또한 앗수르의 위협에서 자유로울 수 없었기 때문에 수많은 기도문으로 심리적인 위안을 얻으려 했을 것이다.

너희가 손을 펼 때에 내가 내 눈을 너희에게서 가리고 너희가 많이 기도할지라도 내가 듣지 아니하리니 이는 너희의 손에 피가 가득함이니라 _사 1:15

바벨론에 의해 남유다 왕국이 멸망하고 성전이 무너지자 디아스포라 유대인 사회를 중심으로 회당이 널리 보급되었다. 이와 함께 공적인 기도문은 더욱 보편화되었다. 오늘날 주일예배에서 대표 기도를 하는 것처럼 예배의 특정한 시간에 감사 기도를 드리는 시간이 따로 있었다. 느헤미야는 맛다냐에게 감사 기도 시간을 맡겼다.

또 아삽의 증손 삽디의 손자 미가의 아들 맛다냐이니 그는 기도할 때에 감사하는 말씀을 인도하는 자가 되었고 형제 중에 박부갸가 버금이 되었으며 또 여두둔의 증손 갈랄의 손자 삼무아의 아들 압다니 _느 11:17

이후 말라기부터 세례 요한까지 신구약 중간기에는 이러한 공적인 기도가 얼마나 빨리 형식화되고 자기 의를 드러내는 수단으로 전락했는가를 잘 보여 준다. 복음서에 나타나는 예수님 당시 바리새인들의 외식적인 기도는 이러한 역사적 흐름에서 이해해야 한다.

바리새파 랍비들은 자기를 따르는 제자들과 함께 특별한 계파를 이루었고, 같은 계파에서는 그들의 리더인 랍비가 제시하는 공동의 기도문을 함께 암송했다. 세례 요한도 제자들에게 계파의 기도문을 가르쳤고, 제자들이 예수님께 기도를 가르쳐 달라고 한 것도 이런 배경에서 나온 것이다. 예수님은 기도를 가르쳐 달라는 제자들에게 '주기도문'을 가르쳐 주셨고, 이는 당시 예수라는 랍비를 따르는 계파의 공동 기도문이었다.

예수께서 한 곳에서 기도하시고 마치시매 제자 중 하나가 여짜오되 주여 요한이 자기 제자들에게 기도를 가르친 것과 같이 우리에게도 가르쳐 주옵소서 _눅 11:1

🏺 신약성경에 나타난 성전에서의 기도

아침과 저녁으로 매일 드리던 상번제에서, 특히 분향 제사는 하나님을 경외하는 많은 예배자들을 기도의 장소인 여인의 뜰로 불러 모았다. 예수님의 비유에 나오는 바리새인과 세리의 기도 역시 그 배경이 성전이다. 바리새인과 세리는 희생제사를 드리러 간 것이 아니라 기도하러 성전에 올라갔던 것이다.

> 또 자기를 의롭다고 믿고 다른 사람을 멸시하는 자들에게 이 비유로 말씀하시되 두 사람이 기도하러 성전에 올라가니 하나는 바리새인이요 하나는 세리라 _눅 18:9-10

굳이 성전에 오지는 못하더라도 이스라엘 전역에 흩어진 많은 경건한 유대인들은 성전이 있는 예루살렘을 향해 두 손을 들고 기도에 동참했다. 이스라엘 땅을 벗어나 바벨론에 잡혀간 다니엘도 예루살렘 성전을 향하여 기도했다.

> 다니엘이 이 조서에 왕의 도장이 찍힌 것을 알고도 자기 집에 돌아가서는 윗방에 올라가 예루살렘으로 향한 창문을 열고 전에 하던 대로 하루 세 번씩 무릎을 꿇고 기도하며 그의 하나님께 감사하였더라 _단 6:10

예루살렘을 향해 두 손을 들고 기도하는 다니엘

성전에서 아침과 저녁으로 분향 제사를 드리던 시각은 각각 아침 9시와 오후 3시였다. 많은 경건한 유대인들은 이 시간에 맞추어 예루살렘을 향해서 기도에 힘썼다. 오순절 성령강림 사건이 일어나던 날도 제자들은 아침 번제 시간의 분향 제사에 맞추어 기도하고 있었다. 새벽 6시를 '0시'로 계산하는 성서시대 계산법을 기준으로 보면 여기에 나오는 '3시'는 지금의 아침 9시에 해당한다.

때가 제삼시니 너희 생각과 같이 이 사람들이 취한 것이 아니라
_행 2:15

베드로와 요한이 성전 미문으로 매일 출근하다시피 한 앉은뱅이를 고쳐 준 것도 바로 저녁 번제의 분향 제사 시간에 맞추어 기도하러 성전에 올라갈 때 이루어졌다. '9시'는 지금의 오후 3시에 해당한다.

제구시 기도 시간에 베드로와 요한이 성전에 올라갈새 나면서 못 걷게 된 이를 사람들이 메고 오니 이는 성전에 들어가는 사람들에게 구걸하기 위하여 날마다 미문이라는 성전 문에 두는 자라 _행 3:1-2

이러한 기도 습관은 유대인의 하나님을 경외하는 이방인들에게도 예외가 아니었다. 가이사랴에 주둔하던 로마군의 백부장이던 고넬료 역시 성전의 저녁 번제 분향 시간인 9시(오후 3시)에 맞추어 기도했다.

가이사랴에 고넬료라 하는 사람이 있으니 이달리야 부대라 하는 군대의 백부장이라 그가 경건하여 온 집안과 더불어 하나님을 경외하며 백성을 많이 구제하고 하나님께 항상 기도하더니 하루는 제구시쯤 되어 환상 중에 밝히 보매 하나님의 사자가 들어와 이르되 고넬료야 하니 _행 10:1-3

이렇게 가이사랴에서 기도하던 고넬료와 욥바에서 기도하던 베드로를 연결시켜 주신 분은 하나님이다. 베드로는 다음날 6시(정오 12시)에 피장 시몬의 집 지붕에서 기도하고 있었다. 이 시간은 아침 번제와 저녁 번제 기도 시간의 중간이었다. 당시 경건한 유대인들은 아침과 저녁 번제의 두 번 이외에 또 다른 시간을 정해서 세 번 기도에 힘썼다. 예수님이 승천하신 후 초대교회의 수장이 된 베드로는 기도에 힘씀으로써 맡겨진 사명을 감당했을 것이다.

이튿날 그들이 길을 가다가 그 성에 가까이 갔을 그때에 베드로가 기도하려고 지붕에 올라가니 그 시각은 제육시더라 _행 10:9

그런데 여기서 재미있는 것은 고넬료와 베드로의 기도 시간 사이에 있는 간격이다. 고넬료는 오후 3시, 베드로는 이튿날 정오 12시에 기도했는데, 고넬료가 보낸 하인이 베드로를 만난 시간은 정오 12시였다. 고넬료가 주둔하던 가이사랴와 베드로가 기도하던 욥바는 모두 지중해 해변에 있는 항구 도시로서 최단 거리로 달려도 48km나 되는 먼 거리였다.

이 거리는 당시 하루에 갈 수 있는 거리가 아니었다. 고넬료는 하인들에게 말을 대절해 주었을 가능성이 높다. 말을 태워 하인들을 급파할 정도로 고넬료에게는 사도 베드로를 만나서 하나님의 말씀을 듣는 것이 무척이나 급하고 특별한 용무였던 것이다.

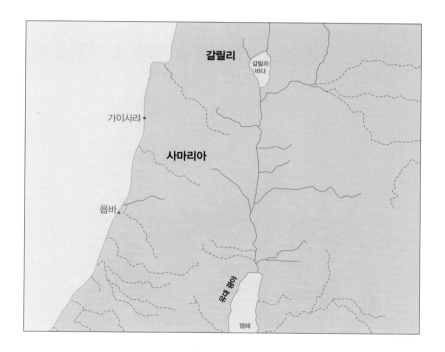

CHAPTER

성전에서 유대인들은 안식일을 어떻게 지켰을까?

성전에서의 안식일

현대 이스라엘의 수도인 예루살렘에서 가장 인상적인 모습은 안식일이다. 거의 모든 가게가 문을 닫고 거리에는 차량이 눈에 띄게 줄어들며 도시 전체가 여호와의 안식에 들어간다. 그렇다면 예수님 당시 성전의 안식일은 어떤 모습이었을까? 안식일에 성전의 직무는 모두 정지되고 제사장들은 안식에 들어갔을까?

🏺 성전법: 안식일법을 우선하는 상위법

안식일에는 너희의 모든 처소에서 불도 피우지 말지니라 _출 35:3

안식일에 가장 중요한 계명은 모든 처소에서 불을 피우지 않는 것이다. 그러면 이 계명이 성전 안에서도 적용될까? 만약 그렇다면 안식일에 성전에서는 번제를 드리지 못할 것이다. 그러나 율법은 오히려 안식일에 평소 드리는 아침과 저녁의 상번제 외에 추가로 번제를 드릴 것을 명령하고 있다.

안식일에는 일년 되고 흠 없는 숫양 두 마리와 고운 가루 십분의 이에 기름 섞은 소제와 그 전제를 드릴 것이니 이는 상번제와 그 전제 외에 매 안식일의 번제니라 _민 28:9-10

이것은 안식일법이 유대인들에게 중요하지만 성전법과 상충될 경우에는 성전법이 안식일법을 우선하는 상위법임을 보여 준다. 안식일에는 처소에 불을 피우고 일하는 것이 철저하게 금지되지만, 성전 안의 제사장들조차 안식일법에 적용을 받는다면 안식일의 성전 직무는 모두 정지될 수밖에 없다. 성전법이 안식일법에 우선하는 상위법이라는 사실은 예수님의 말씀을 통해서도 확인할 수 있다.

> 또 안식일에 제사장들이 성전 안에서 안식을 범하여도 죄가 없음을 너희가 율법에서 읽지 못하였느냐 _마 12:5

🏺 진설병 갱신

안식일에 드리는 추가적인 번제와 함께 안식일에 이루어지는 중요한 직무는 성소의 떡상 위에 있는 진설병을 교체하는 것이다.

성소의 떡상에 올려질 진설병은 일곱 번 체질을 통해 걸러진 고운 밀가루로 만든다. 이스라엘의 열두 지파를 상징하는 열두 덩이의 진설병을 성소의 북쪽에 있는 떡상에 두 줄로 배열한다. 진설병을 만드는 기술은 그핫 자손을 통해 비밀스럽게 전수되어 내려왔다. 진설병을 굽는 일은 무척 힘들고 정교한 작업이었는데, 이는 열두 덩이 떡의 색깔과 크기를 모두 똑같이 맞추어야 했기 때문이다.

또 그의 형제 그핫 자손 중에 어떤 자는 진설하는 떡을 맡아 안식일

안식일에 진설병을 교체하는 제사장들

마다 준비하였더라 _대상 9:32

안식일은 금요일 해가 지면서 시작되는데, 금요일은 '안식일 이브'로서
'예비일'(the day of preparation)로 불렸다. 예수님이 십자가에 달려 죽으신
때는 금요일 오후 3시였고, 곧 안식일에 들어가기 직전인 '예비일'이었다.

이날은 준비일 곧 안식일 전날이므로 저물었을 때에 아리마대 사람

요셉이 와서 당돌히 빌라도에게 들어가 예수의 시체를 달라 하니 이
사람은 존경 받는 공회원이요 하나님의 나라를 기다리는 자라

_막 15:42-43

24반차로 나뉜 제사장 그룹은 일주일씩 성전 직무를 맡았는데, 새 반
차와 옛 반차의 바통 터치가 이루어지는 날이 안식일이었다. 진설병의 교
체는 옛 반차와 새 반차에서 각각 네 명의 제사장들이 동원되었다.

먼저 새 반차에서 네 명의 제사장이 성소에 들어가 남쪽을 향해 북쪽
에 선다. 그리고 옛 반차에서 네 명의 제사장이 들어가 북쪽을 향해 남쪽
에 선다. 옛 반차 제사장이 떡상의 진설병을 꺼내자마자 새 반차의 제사
장은 가지고 들어간 새로운 진설병을 떡상 위에 올려놓는다. 이로써 진
설병은 약간의 시간차가 있기는 하지만 항상 여호와 앞에 진설되었다.

상 위에 진설병을 두어 항상 내 앞에 있게 할지니라 _출 25:30

새 반차 제사장의 직무는 진설병을 교체함으로써 공식적으로 시작되
었다. 그러나 옛 반차의 직무가 완전히 끝난 것은 아니었다. 옛 반차가
안식일 아침 번제를 섬겼고, 새 반차가 안식일 저녁 번제를 섬겼기 때문
에, 결국 안식일에 이들은 성전에서 함께 보냈던 것이다.

여호야다는 왜 안식일에 쿠데타를 일으켰을까?

다윗의 후손이 아닌 북왕조 이스라엘 아합 왕의 딸인 아달랴 여왕이 남유다를 통치할 때였다. 아달랴는 다윗의 후손을 모두 죽이고 왕위를 찬탈한 뒤 신실하게 여호와 신앙을 지켜 온 남유다에 바알 신앙을 퍼뜨렸다. 그러나 가까스로 목숨을 구한 어린 왕자 요아스는 성전 안에서 대제사장이자 고모부인 여호야다의 보호를 받으며 비밀리에 성장했다.

때가 되자 여호야다는 쿠데타를 계획하는데, 이를 실행에 옮긴 디데이가 다름 아닌 안식일이었다. 옛 반차와 새 반차가 안식일에 교대하기 위해 함께 성전에 거하는 시간이야말로 쿠데타를 위한 절호의 시간이었다. 왜냐하면 아달랴의 강압적인 바알 숭배로 인해 제사장들은 암묵적으로 여호야다를 지지했고, 두 반차의 제사장이 함께 성전 봉사를 하는 안식일에는 손쉽게 병력화할 수 있는 충분한 숫자의 제사장들이 성전에 있었기 때문이다.

백부장들이 이에 제사장 여호야다의 모든 명령대로 행하여 각기 관할하는 바 안식일에 들어오는 자와 안식일에 나가는 자를 거느리고 제사장 여호야다에게 나아오매 제사장이 여호와의 성전에 있는 다윗 왕의 창과 방패를 백부장들에게 주니 _왕하 11:9-10

🏺 예수님은 안식일에 밀을 비벼 먹은 제자들을 어떻게 변호했을까?

안식일에 밀밭 사이를 지날 때 배가 고픈 제자들이 밀 이삭을 비벼서 먹은 것은 많은 성도들에게 익숙한 사건이다.

> 안식일에 예수께서 밀밭 사이로 지나가실새 그의 제자들이 길을 열며 이삭을 자르니 바리새인들이 예수께 말하되 보시오 저희가 어찌하여 안식일에 하지 못할 일을 하나이까 예수께서 가라사대 다윗이 자기와 및 함께 한 자들이 먹을 것이 없어 시장할 때에 한 일을 읽지 못하였느냐 그가 아비아달 대제사장 때에 하나님의 전에 들어가서 제사장 외에는 먹어서는 안 되는 진설병을 먹고 함께 한 자들에게도 주지 아니하였느냐 _막 2:23-26

그런데 여기서 쉽게 이해하기 힘든 부분이 두 가지 있다.

제자들은 과연 안식일법을 어긴 것인가?

복음서를 읽다 보면 예수님이 특별히 안식일에 많은 병자들을 고쳐 주셨고, 이를 문제 삼는 바리새인들과 논쟁하는 장면이 자주 나온다. 그래서 많은 성도들은 예수님이 안식일법을 어긴 것으로, 심지어 '의도적으로' 어긴 것으로 생각하는 경향이 있다. 안식일에 오히려 의욕적으로 많은 사역을 하신 예수님의 의도는 무엇이었을까? 유대인들이 중요시하던 십

계명의 하나인 안식일 율법을 파기하고 오늘날 그리스도인들이 지키는 주일을 새롭게 제정하기 위해서였을까?

> 안식일을 기억하여 거룩히 지키라 _출 20:8

예수님 당시의 구전 율법에 대한 이해가 없으면, 우리는 복음서에 나오는 안식일과 관련된 사건들을 심각하게 왜곡시켜 해석할 수밖에 없다. 구전 율법은 복음서에 '장로들의 유전'으로 번역되어 있다. 포괄적이고 불분명한 모세의 율법을 실생활에서 구체적으로 어떻게 지킬 것인가에 대해 랍비들이 다양한 해석들을 내놓았는데, 구전 율법은 그것들을 모은 것이다.

> 당신의 제자들이 어찌하여 장로들의 전통을 범하나이까 떡 먹을 때에 손을 씻지 아니하나이다 _마 15:2

예수님 당시의 안식일법에 대한 다양한 해석이 있었지만, 크게 힐렐 학파와 샴마이 학파의 해석으로 나눌 수 있다. 바벨론의 디아스포라 출신인 힐렐은 율법의 정신이 훼손되지 않는 범위에서 상당히 탄력 있고 융통성 있는 해석을 내놓았다. 반면 이스라엘 본토 출신의 샴마이 학파는 율법 조항의 문자적 해석을 중요시 하며 상당히 엄격한 해석을 내려 백성을 올무에 빠뜨리곤 했다. 예수님이 주로 사역하신 갈릴리 지방은 종교적이고 민족적인 성향의 유대인들이 많아서 샴마이 학파가 다수를 이루었다.

힐렐 학파는 다량의 탈곡이 아닌 이상 안식일이라 해도 너무 배가 고픈 경우에는 손으로 소량의 밀을 비벼 먹는 것을 허용했다. 반면 샴마이 학파는 밀을 비비는 행위를 '탈곡'으로 해석했고 안식일에 해서는 안 되는 '일'로 규정하며 엄격하게 금했다.

결국 제자들의 행동은 당시 힐렐 학파 해석으로는 문제가 되지 않지만, 샴마이 학파 해석으로는 문제가 되었던 것이다. 예수님과 제자들을 애꿎게 따라다니며 빈번한 충돌을 일으킨 바리새인들은 모두 엄격하고 앞뒤가 꽉 막힌 샴마이 학파 바리새인들이었을 것이다.

예수님은 왜 진설병을 먹은 다윗의 예를 들었을까?

예수님은 제자들의 행동을 가지고 꼬투리를 잡는 샴마이 학파 바리새인들을 상대해야 했다. 예수님은 이들의 말도 안 되는 트집을 무시하지 않고 아비아달 제사장 때에 제사장만 먹을 수 있는 진설병을 먹은 다윗의 예를 드셨다. 이것은 샴마이 학파 바리새인들을 옴짝달싹 못 하게 만든 일격이 되었는데, 왜 진설병을 먹은 다윗의 예가 궁지에 몰린 제자들을 변호하고 생트집을 잡는 바리새인들에게 한방을 먹이는 결정타가 된 것일까?

예수님 당시에 힐렐 학파와 샴마이 학파는 모세의 율법 조항을 놓고 사사건건 격론을 벌였다. 예를 들어 안식일에 나귀와 소가 구덩이에 빠지면, 힐렐 학파는 당장 가축을 꺼내 주었지만 샴마이 학파는 물과 음식만 주고 안식일이 지나서야 꺼내 주었다. 이처럼 모세의 율법을 해석하는 데 있어 이들은 도저히 만날 수 없는 평행선을 걷고 있었다.

그러나 견원지간인 두 학파가 의견의 일치를 보는 부분이 있었다. 이는 만약 촌각을 다투는 생명의 위협에 처해 있다면 안식일에라도 생명을 살리는 일을 할 수 있다는 것이었다. 만약 안식일에 소가 구덩이가 아니라 우물에 빠졌다면 어찌될 것인가? 안식일이 끝날 때까지 기다렸다가는 목숨을 잃지 않겠는가? 이런 예를 든다면 샴마이 학파도 유구무언이 될 수밖에 없지 않겠는가?

또 저희에게 이르시되 너희 중에 누가 그 아들이나 소가 우물에 빠졌으면 안식일에라도 곧 끌어내지 않겠느냐 하시니 그들이 이에 대하여 대답하지 못하니라 _눅 14:5–6

다윗이 대제사장인 아비아달을 찾은 때는 분명히 안식일이었다. 제자들이 밀 이삭을 비벼먹은 날도 안식일이었고, 다윗이 아비아달을 찾아와 진설병을 먹은 날도 안식일이었다. 왜냐하면 안식일에 성소에서 진설병을 교체하고 이를 성전 안에서 제사장들이 당일에 먹어야 했기 때문이다. 다윗이 아비아달에게 도착한 때는 진설병 교체가 끝나고 제사장들이 떡을 나누어 먹으려던 상황이었을 것이다.

이때 다윗은 어떤 상황이었을까? 예수님은 '다윗과 그의 추종자들이 먹을 것이 없어 시장했다'고 다윗의 상태를 소상하게 말씀하셨다. 이는 굶어 죽기 직전의 상황, 곧 '촌각을 다투는 생명의 위협'을 말하는 것이다. 구전 율법에 대한 랍비들의 다양한 해석이 있었지만, 모든 랍비들의 공통된 해석은 율법의 최종 목적은 '생명 보존'에 있다는 것이었다.

그들은 자신의 모든 희생을 감수하고 죽어 가는 타인의 생명을 살리는 것이 모든 율법을 초월하는 최고의 가치라는 사실에 의견의 일치를 보았다. 예수님 당시 모든 유대인들이 흠모하던 다윗이 만약 그 순간에 영양 보충을 하지 못했다면 사울을 피해서 도망가는 도중에 분명히 기진맥진해서 죽었을 것이다. 결국 예수님은 학파 간에 논란의 여지가 없는 상황을 예로 들면서 궁지에 몰린 제자들을 변호하신 것이다. 제자들도 그 정도로 배가 고파서 약간의 밀을 손으로 비벼서 먹은 것인데 무슨 문제가 되겠는가?

🏺 모든 피조물들의 소망, 성전의 안식일

우리는 안식일에 대한 개념이 약하고 또 잘못된 경우가 많은데, 이는 아마도 '안식교'와 관련된 선입견 때문인 것 같다. 이스라엘에 있는 한인 그리스도인들은 전부 안식일에 예배를 드린다. 그렇다면 우리는 모두 안식교인들인가? 물론 그렇지 않다.

성경에서 말하는 안식일은 일주일에 하루를 쉬는 정도의 단순한 개념이 아니다. 율법의 핵심인 십계명 가운데 "안식일을 거룩하게 지키라"는 말씀이 있고, 성전에서 드리는 안식일 제사와 찬양은 메시아의 날이 도래하면서 이루어질 모든 피조물들의 궁극적인 소망을 담고 있다.

안식일은 시내 산에서 율법이 주어지기 이전에 이미 창조 때부터 존재했다.

하나님이 그 일곱째 날을 복되게 하사 거룩하게 하셨으니 이는 하
나님이 그 창조하시며 만드시던 모든 일을 마치시고 그날에 안식하
셨음이니라 _창 2:3

죄를 짓고 타락한 아담이 받은 가장 큰 형벌은 안식일을 잃어버린 것
이다.

땅이 네게 가시덤불과 엉겅퀴를 낼 것이라 네가 먹을 것은 밭의 채소
인즉 네가 흙으로 돌아갈 때까지 얼굴에 땀을 흘려야 먹을 것을 먹
으리니 네가 그것으로 취함을 입었음이라 너는 흙이니 흙으로 돌아
갈 것이니라 하시니라 _창 3:18-19

하나님은 애굽 땅에서 종이 된 이스라엘 백성을 권능의 팔로 꺼내셨는
데, 출애굽의 궁극적인 목적은 바로 안식일의 회복에 있었다.

너는 기억하라 네가 애굽 땅에서 종이 되었더니 네 하나님 여호와가
강한 손과 편 팔로 거기서 너를 인도하여 내었나니 그러므로 네 하
나님 여호와가 네게 명령하여 안식일을 지키라 하느니라 _신 5:15

안식일은 일곱 번째 날인데, 성경에서 7은 거룩한 '계약'의 숫자다. 안
식일을 지킴으로써 우리는 하나님과의 거룩한 계약에 동참하게 된 것이
고, 이것이 하나님과 우리 사이에 표징이 된다.

또 내가 그들을 거룩하게 하는 여호와인 줄 알게 하려고 내 안식일을 주어 그들과 나 사이에 표징을 삼았노라 _겔 20:12

그러므로 안식일은 무거운 율법의 짐이 아니라 피조물에게 주어진 선물이요 즐거운 날인 것이다.

안식일을 일컬어 즐거운 날이라, 여호와의 성일을 존귀한 날이라 하여 이를 존귀하게 여기고 _사 58:13하

유대인들에게 안식일은 매주 찾아오는 기쁨의 절기였으므로, 안식일에 금식과 애도는 철저하게 금지되었다. 이날은 최고의 음식을 준비하고 좋은 옷으로 단장하며 즐거움을 표현할 수 있는 모든 것들이 권장되었다. 랍비들은 안식일을 가리켜 이렇게 말했다.

주중의 날들은 짝이 지어졌지만 안식일은 혼자 존재한다. 안식일은 이스라엘과 짝을 지으며 이스라엘은 안식일과 결혼했다. 그러므로 이스라엘은 안식일을 신부처럼 맞이해야 한다.

안식일에 성전에서 드리는 아침 번제는 가급적 많은 사람들이 참석할 수 있도록 평소보다 약간 늦은 시간에 시작되었다. 안식일에 성전에 오는 사람들은 절기에 준하는 좋은 옷을 입었고 그 손에는 헌물을 들었다. 바울이 고린도 교인들에게 가르친 헌금의 개념이 여기서 나온 것이다.

매주 첫날에 너희 각 사람이 수입에 따라 모아 두어서 내가 갈 때에 연보를 하지 않게 하라 _고전 16:2

초대교회에서 사도들이 매 주일 성찬의 떡을 뗀 것은 제사장들이 안식일에 성전에서 진설병을 함께 먹은 것을 모형으로 한 것이다. 안식일에는 평일에 드리는 번제와 함께 추가로 제물을 드렸는데, 아침 번제를 마친 후에는 레위인 찬양대가 신명기 32장의 '모세의 노래'를, 저녁 번제를 마친 후에는 출애굽기 15장의 '어린 양의 노래'를 불렀다. 밧모 섬에서 요한이 본 성전의 환상은 바로 안식일에 성전에서 불리던 노래였던 것이다.

하나님의 종 모세의 노래, 어린 양의 노래를 불러 이르되 주 하나님 곧 전능하신 이시여 하시는 일이 크고 놀라우시도다 만국의 왕이시여 주의 길이 의롭고 참되시도다 주여 누가 주의 이름을 두려워하지 아니하며 영화롭게 하지 아니하오리이까 오직 주만 거룩하시니이다 주의 의로우신 일이 나타났으매 만국이 와서 주께 경배하리이다 하더라 _계 15:3-4

안식일을 지킴으로 하나님의 거룩한 계약 안에 들어온 성도들은 메시아의 재림의 날에 이루어질 더 나은 안식, 완전한 안식에 대한 소망을 가지고 살아야 한다. 왜냐하면 우리가 현재 누리는 안식은 아직 하나님의 백성이 누릴 최종적인 안식이 아니기 때문이다.

만일 여호수아가 그들에게 안식을 주었더라면 그 후에 다른 날을
말씀하지 아니하셨으리라 그런즉 안식할 때가 하나님의 백성에게
남아 있도다 _히 4:8-9

모든 피조물들은 메시아 재림의 날에 있을 축복된 안식에 들어가고자
탄식하며 애타게 기다리고 있는 것이다.

피조물이 다 이제까지 함께 탄식하며 함께 고통을 겪고 있는 것을
우리가 아느니라 그뿐 아니라 또한 우리 곧 성령의 처음 익은 열매
를 받은 우리까지도 속으로 탄식하여 양자 될 것 곧 우리 몸의 속량
을 기다리느니라 _롬 8:22-23

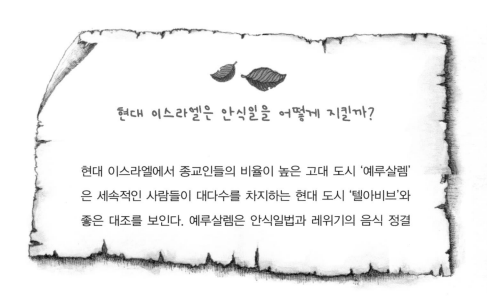

현대 이스라엘은 안식일을 어떻게 지킬까?

현대 이스라엘에서 종교인들의 비율이 높은 고대 도시 '예루살렘'
은 세속적인 사람들이 대다수를 차지하는 현대 도시 '텔아비브'와
좋은 대조를 보인다. 예루살렘은 안식일법과 레위기의 음식 정결

법을 철저히 지키는 유대인들의 비율이 상당히 높다. 또 이런 정통파 유대교인들이 한 마을에서 공동체를 이루어 살아가는 모습도 종종 볼 수 있다.

안식일에 대한 이들의 경외심은 우리의 상상을 초월한다. 특별히 '안식일에 너희 처소에서 불도 피우지 말라'는 말씀에 대한 순종은 이방인들이 혀를 내두를 정도로 철저하다.

이스라엘의 안식일은 금요일 해질녘부터 토요일 해질녘까지다. 그러므로 아침부터 하루가 시작되는 우리들과는 개념이 다른 것이다. 우리에게는 '아침과 저녁'이 하루지만, 유대인들에게는 '전날 저녁과 다음날 아침'이 하루가 된다. 낮은 아침에 포함되는 개념이다. 이런 유대인들의 하루에 대한 개념도 사실은 성경에서 나온 것이다. 천지창조에 대한 기록에서 하나님은 항상 저녁과 아침을 '하루'로 정하셨기 때문이다.

하나님이 빛을 낮이라 부르시고 어둠을 밤이라 부르시니라 저녁이 되고 아침이 되니 이는 첫째 날이니라 _창 1:5

금요일 오후 5시께 해가 지면 예루살렘은 안식일에 들어간다. 이스라엘에 살다가 한국으로 돌아간 많은 한인들은 이스라엘의 모습 중 가장 인상적인 것으로 안식일 풍경을 꼽는다. 금요일에 해가 지면 모든 상점은 문을 닫고 버스와 같은 대중교통 수단도 끊어진다. 그야말로 거룩한 도시 예루살렘은 천지창조 6일의 활동 이후 안식에 들어가신 창조주 하나님과 함께 거룩한 안식에 들어가는 것이다.

그런 점에서 한국 교회의 주일을 되돌아봐야 하지 않을까 싶다. 유대인의 안식일과는 달리 가장 바쁘고 분주한 날이 주일이기 때문이다. 평일에는 회사에서 정신 없이 바쁘고, 주일에는 새벽부터 저녁까지 교회에서 봉사하느라 눈코 뜰 새 없이 바쁜 한국의 많은 성도들은 하나님이 주신 안식일의 축복을 잃어버린 게 아닌가 싶다.

예루살렘에서 안식일의 생활상

'안식일에 자기 처소에 불을 피우지 말라'는 말씀에 철저히 순종하는 정통파 유대인들은 안식일에 절대로 운전을 하지 않는다. 이는 운전을 위해 자동차의 시동을 거는 행위 자체가 전기 스파크를 발생시키는, 다시 말해 안식일에 불을 피우는 행위에 해당하기 때문이다.

안식일에는 요리도 할 수 없다. 그러면 안식일 동안 굶는다는 말인가? 물론 그렇지 않다. 안식일에 요리를 하지 않는 것은 요리를 위해서 가스레인지 불을 켜야 하기 때문인데, 이들은 안식일에 들어가기 전인 금요일 낮에 미리 음식을 충분하게 만들어 놓고 이것을 은근한 불에 올려놓는다. 즉 안식일이 끝날 때까지 24시간

동안 가스레인지를 은근한 불로 켜놓는 것이다.

안식일에는 전깃불을 켤 수가 없다. 그러면 이들은 안식일 내내 암흑 가운데 보내야 하는가? 종교인(정통파 유대인으로 '다띠'라 칭한다)들은 안식일에 들어가기 전 모든 방의 전깃불을 미리 켜 놓고 안식일 내내 불을 켠 상태로 지낸다. 경제적인 관점에서 본다면, 중동에 속하지만 석유 한 방울 나지 않는 이스라엘에서 안식일법으로 인한 전력 낭비도 상당할 것이다.

이스라엘의 호텔을 경험한 성지 순례자들은 알겠지만, 이스라엘의 호텔에는 '안식일 엘리베이터'라는 것이 있다. 이 엘리베이터는 안식일에 층수를 나타내는 버튼을 누름과 동시에 불이 켜지는 것을 방지하기 위해 이스라엘의 천재들이 특별히 고안한 것이다. 따라서 이 엘리베이터는 층마다 자동으로 서게 된다. 예를 들어, 18층에 배정받은 순례자가 이를 잘 모르고 안식일 엘리베이터를 탔다면 아마도 방까지 도착하는 데 한참 걸릴 것이다.

안식일에 있었던 에피소드

우리는 주변에 종교인들이 많은 동네에 살고 있다. 안식일이 되면 가끔 종교인 아줌마들이 우리 집에 찾아와서 아이들에게 사탕발림(?)을 하는 경우가 있다. 내용인즉슨, 집에서 왔다갔다 하다가 실수로 전깃불 스위치를 건드려 꺼졌을 경우, 자신들이 스위치를 올리면 안식일법에는 저촉되니까, 우리 집 아이들을 불러서 스위치를 올려달라고 부탁하고는 사탕 몇 개를 선물로 주는 것이다.

우리 집 아래층에는 체코슬로바키아에서 온 신실한 종교인 부부가 산다. 우리 부부는 항상 두 사람을 말할 때마다 '천사가 따로 없다'고 얘기한다. 그렇게 성품이 좋고 착할 수가 없다. 그 집 남자는 비느하스라고 하는데, 내가 소속된 히브리대학교 부속병원에서 마취과 의사로 함께 일한다.

어느 안식일에 그 집 아내인 미리암이 허둥지둥대며 큰일났다고 하면서 우리 집에 올라왔다. 그러면서 우리 집 냉장고가 어쩌고 저쩌고 하면서 알아듣지 못할 말을 한참 중얼거렸다.

체코에서 온 이민자라 히브리어에 능숙하지 못한 것은 알지만, '기계치'인 나는 자기 집의 고장난 냉장고를 고쳐달라는 말인가 싶어 속으로 당황하고 있었다. 그런데 내려가 보니 문제는 그게 아니었다. 냉장고의 문을 열면 자동으로 냉장고 안의 램프가 켜지지 않는가? 이 또한 안식일에 불을 켜는 행위에 해당한다는 것을 그제야 알게 되었다는 것이다.

종교인들은 안식일 전에 냉장고 안의 전구를 미리 빼놓아야 하는데 깜박 잊어버리고 전구를 빼지 못했다는 것이다. 그 전구를 나에게 대신 빼달라고 부탁을 하기 위해 그렇게 허둥지둥댄 것이다.

하나님은 6일 동안 천지창조를 마치고 일곱 번째 날에 안식하셨다. 그리고 하나님과 계약을 맺은 이스라엘과 믿음으로 영적인 이스라엘이 된 모든 그리스도인들을 안식일의 축복 가운데 부르셨다. 그러므로 안식일은 일주일에 한 번씩 찾아오는 단순한 휴일의 개념이 아니다.

유대인들은 삶의 최소 단위를 일주일로 여기는데, 6일 동안 일하고 일곱 번째 찾아오는 안식일을 통해 하나님을 예배하고 하나님 안에서 삶을 정돈한다. 이러한 일주일들이 모인 것이 한 사람의 인생이라고 인식하는 것이다.

성전에서는 어떤 악기를 사용했을까?

성전의 음악과 찬양

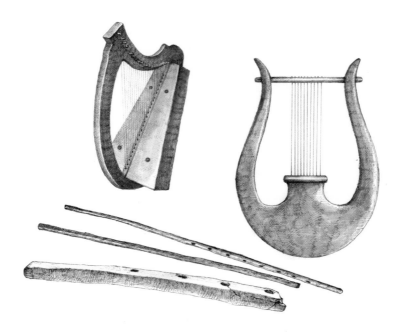

이스라엘의 성전에서 드려진 음악과 찬양은 고대 중동 문화권에서 무척 유명했다. 성전 제사에서는 늘 레위인의 음악과 찬양이 울려 퍼졌는데, 이는 하나님이 찬양과 음악을 좋아하시기 때문이다.

유대인 성서 주석인 〈미드라쉬〉에 이런 말이 있다.

하나님은 노래를 너무 좋아해서 매일 새로운 천사 합창단을 만들어 새로운 노래를 부르게 하고 물러가게 한다. 하나님이 이스라엘의 노래를 들을 때마다 그는 하늘의 천사들을 초청해서 듣게 할 것이다.

교회 음악 시대에 수많은 천재 작곡가들이 이러한 천상의 노래를 재현하려고 피나는 노력을 했다. 볼티모어 심포니 오케스트라를 이끈 지휘자 로버트 쇼(Robert Shaw)는 모차르트의 미사곡 C단조를 지휘하기에 앞서 이런 말을 해서 청중을 한바탕 웃게 한 적이 있다.

천사가 하나님을 기쁘시게 하려고 노래를 한다면 그들은 '바흐'의 곡을 노래할 것이다. 그러나 천사가 자신들의 즐거움을 위해 노래한다면 그들은 '모차르트'를 노래할 것이다. 그러나 천사가 모차르트를 노래할 때 하나님은 열쇠 구멍에 귀를 대고 엿들을 것이다.

하늘의 천사들이 하나님 보좌 앞에서 부르는 노래는 어떤 노래일까? 고대 이스라엘 사람들은 '우주는 천사들의 찬양과 음악으로 가득하지만 인간의 귀는 그것을 들을 수 없는데, 이는 우리가 태양을 직접 보지 못하는 것과 같다'고 생각했다. 다만 독특한 복을 누린 소수의 사람들만이 천사들의 찬양을 보고 들을 수 있었다. 그러나 이를 말로 묘사하는 것은 불가능하다고 여겼다. 창세로부터 지금까지 이러한 우주의 합창은 계속 되었는지도 모른다. 성경에 나오는 몇몇 하나님의 사람들이 실제로 이를 보고 들은 놀라운 체험들을 고백하지 않았던가?

> 웃시야 왕이 죽던 해에 내가 본즉 주께서 높이 들린 보좌에 앉으셨 는데 그의 옷자락은 성전에 가득하였고 스랍들이 모시고 섰는데 각 기 여섯 날개가 있어 그 둘로는 자기의 얼굴을 가리었고 그 둘로는 자기의 발을 가리었고 그 둘로는 날며 서로 불러 이르되 거룩하다 거룩하다 거룩하다 만군의 여호와여 그의 영광이 온 땅에 충만하도 다 하더라 _사 6:1-3

> 무익하나마 내가 부득불 자랑하노니 주의 환상과 계시를 말하리라 내가 그리스도 안에 있는 한 사람을 아노니 그는 십사 년 전에 셋째 하늘에 이끌려 간 자라 (그가 몸 안에 있었는지 몸 밖에 있었는지 나 는 모르거니와 하나님은 아시느니라) 내가 이런 사람을 아노니 (그 가 몸 안에 있었는지 몸 밖에 있었는지 나는 모르거니와 하나님은 아시느니라) 그가 낙원으로 이끌려 가서 말로 표현할 수 없는 말을 들었으니 사람이 가히 이르지 못할 말이로다 _고후 12:1-4

> 홀연히 수많은 천군이 그 천사들와 함께 있어 하나님을 찬송하여

이르되 지극히 높은 곳에서는 하나님께 영광이요 땅에서는 하나님
이 기뻐하신 사람들 중에 평화로다 하니라 _눅 2:13-14

멜로디, 화음, 리듬으로 이루어진 현대의 서양 음악과는 달리 고대 이
스라엘의 음악은 화음이 약하고 단순한 멜로디와 반복되는 리듬만으로
이루어진 것이 특징이었다. 이런 류의 음악은 듣는 사람을 쉽게 무아지경
의 상태로 인도했다. 구약의 선지자들은 예언을 하기 위해서 이러한 음
악을 통해 영적인 분위기를 고취시키곤 했다.

이제 내게로 거문고 탈 자를 불러오소서 하니라 거문고 타는 자가
거문고를 탈 때에 여호와의 손이 엘리사 위에 있더니 _왕하 3:15

'할렐루야'가 반복되는 시편 146-150편의 할렐루야 노래도 이러한 반
복된 음률을 통해 하나님을 예배하는 무아지경으로 인도한다.

할렐루야 내 영혼아 여호와를 찬양하라 _시 146:1

할렐루야 우리 하나님을 찬양하는 일이 선함이여 찬송하는 일이 아
름답고 마땅하도다 _시 147:1

할렐루야 하늘에서 여호와를 찬양하며 높은 데서 찬양할지어다
_시 148:1

할렐루야 새 노래로 여호와께 노래하며 성도의 모임 가운데에서 찬
양할지어다 _시 149:1

할렐루야 그의 성소에서 하나님을 찬양하며 그의 권능의 궁창에서
그를 찬양할지어다 _시 150:1

🏺 성전에서 사용된 악기들

성전 음악의 유래는 시인이요 음악 작곡가이며 아울러 악기 발명가였
던 다윗까지 거슬러 올라간다.

비파 소리에 맞추어 헛된 노래를 지절거리며 다윗처럼 자기를 위하
여 악기를 제조하며 _암 6:5

사천 명은 문지기요 사천 명은 그가 여호와께 드리기 위하여 만든
악기로 찬송하는 자들이라 _대상 23:5

랍비들의 문헌인 〈미쉬나〉에는 36개의 악기가 언급되어 있지만, 성경
에는 이 가운데 15개만 나오고, 모세오경에는 5개만 나온다. 성전에서
사용된 악기들은 다음과 같다.

심벌즈(꽹과리)

놋으로 만든 심벌즈는 레위인 찬양대가 섬기는 성전 음악의 일부가 아니라 예배의 시작을 알리는 신호로 사용되었다. 음악이 아니라 단순히 신호에 불과한 '울리는 심벌즈(꽹과리)'는 사랑이 없이 은사의 남용을 일삼는 고린도 교회 성도들에게 바울이 비유로 든 것이다.

> 내가 사람의 방언과 천사의 말을 할지라도 사랑이 없으면 소리 나는 구리와 울리는 꽹과리가 되고 _고전 13:1

또한 심벌즈는 레위인 찬양대를 인도하는 역할을 했는데, 이는 오늘날로 말하면 오케스트라의 지휘자에 해당했다. 구약성경에는 심벌즈를 '제금'으로 번역하고 있다.

> 다윗과 이스라엘 온 무리는 하나님 앞에서 힘을 다하여 뛰놀며 노래하며 수금과 비파와 소고와 제금과 나팔로 연주하니라 _대상 13:8

> 노래하는 자 헤만과 아삽과 에단은 놋제금을 크게 치는 자요 _대상 15:19

수금과 비파

수금은 성전 음악에 사용되던 하프(harp)로, 22줄로 되어 있는 현악기였다. 비파는 10줄로 되어 있는 현악기로 특별히 '열 줄 비파'로 성경에

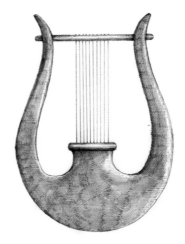

수금   비파

등장한다.

> 수금으로 여호와께 감사하고 열 줄 비파로 찬송할지어다 _시 33:2

> 하나님이여 내가 주께 새 노래로 노래하며 열 줄 비파로 주를 찬양
> 하리이다 _시 144:9

레위인 찬양대에서 비파는 2-6개가 사용되었고 수금은 최소한 9개 이
상으로 가능한 많이 사용되었다. 비파는 레위인 찬양대 음악 중에서 주
로 솔로 악기로 연주되었다. 오늘날의 예를 들자면 오케스트라에서 바이

올린에 해당하는 것이다.

은나팔과 쇼파르

쇼파르는 숫양의 뿔로 만든 양각 나팔이다. 은나팔과 달리 쇼파르는 소리가 크고 멀리까지 들리게 하려는 목적으로 사용되었다. 은나팔과 쇼파르는 종종 함께 사용되었는데 그 용도가 약간 달랐다. 유대인의 신년인 나팔절 명절에는 쇼파르를 가운데에서, 그리고 쇼파르 양쪽에서 은나팔을 불었다. 대속죄일에는 가운데에서 은나팔을, 그리고 은나팔 양쪽에서 쇼파르를 불었다. 결국 온 백성의 회개를 알리는 대속죄일의 나팔 소리에서는 쇼파르 소리가 은나팔을 압도하게 된다.

> 일곱째 달 열흘날은 속죄일이니 너는 뿔나팔 소리를 내되 전국에서
> 뿔나팔을 크게 불지며 _레 25:9

성전에서 드리는 제사를 통해 제사장들은 하루에 일곱 번 은나팔을 불었다. 한 번은 해가 뜬 후 성전의 니카노르 게이트가 열릴 때 불었다. 그리고 나머지 여섯 번은 아침과 저녁 번제 때 부르는 시편 찬양의 중간에 불었다. 아침과 저녁 번제에서는 그날에 맞는 시편의 노래들이 불렸는데, 각 시편의 노래는 세 개의 파트로 나뉘었다. 각 파트가 나뉠 때마다 레위인 찬양대는 나팔을 불었다. 이렇게 아침 번제에서 세 번, 저녁 번제에서 세 번 은나팔을 불었고 동이 튼 후에 분 것과 합해서 매일 일곱 번의 은나팔을 불었다.

플루트(피리, 저)

플루트는 처음에 갈대를 둥글게 말아 구멍을 뚫어서 부는 피리였지만 이후에는 금속으로 만들어졌다. 성전에서는 12절기에만 연주된 특별한 악기였다.

플루트는 순례자들이 여리고에서부터 부르는 '성전으로 올라가는 노래'인 시편 120-134편을 부를 때 함께 연주되었다.

> 너희가 거룩한 절기를 지키는 밤에 하듯이 노래할 것이며 피리(플루트)를 불며 여호와의 산으로 가서 이스라엘의 반석에게로 나아가는 자같이 마음에 즐거워할 것이라 _사 30:29

예수님 당시에는 결혼식과 장례식에서 플루트를 불었다. 당시 랍비들은 장례식과 관련된 플루트의 법규를 아래와 같이 정했다. 아무리 가난한 사람도 아내의 장례를 위해 이 정도는 돈을 써야 한다는 것이다.

> 모든 유대 남자는 자기 아내의 장례를 위해 최소한 두 명의 플루트 부는 사람과 한 명의 애곡하는 여인을 준비해야 한다.

가버나움에서 예수님은 회당장 야이로의 죽은 딸을 살리러 가셨는데, 그곳에는 플루트 소리로 진동했다. 이들은 야이로의 딸이 죽었다고 생각했기 때문에 장례식에 모였던 것이다.

예수께서 그 관리의 집에 가사 피리(플루트) 부는 자들과 떠드는 무
리를 보시고 _마 9:23

예수님은 백성과 함께 즐거워하지 않고 아파하지 않는 바리새인들을
책망하면서 플루트를 언급하셨다. 피리와 함께 그에 맞는 춤사위가 나
와야 하고, 애곡하는 소리와 함께 가슴을 치는 것이 장단에 맞는 행동이
었지만, 예수님 당시의 바리새인들은 종교적 위선에 빠져 백성과 장단이
전혀 맞지 않았고 오히려 엇박자를 이루었다.

이르되 우리가 너희를 향하여 피리(플루트)를 불어도 너희가 춤추지
않고 우리가 슬피 울어도 너희가 가슴을 치지 아니하였다 함과 같
도다 _마 11:17

플루트

🏺 성전 제사에서 부른 시편의 노래들

진정한 찬양은 목소리만으로 드렸는데, 성전의 찬양은 이러한 목소리 찬양에 악기 연주가 곁들여졌다. 이런 이유로 레위인 찬양대의 기본 자격 조건은 좋은 목소리였다. 스룹바벨 성전 시대에 최초로 레위인 찬양대에서 여성 싱어(singer)가 등장했다.

> 그 외에 남종과 여종이 칠천삼백삼십칠 명이요 노래하는 남녀가 이
> 백 명이요 _스 2:65

매일 드리는 아침과 저녁 번제에서는 시편의 노래들이 불렸는데, 이는 요일마다 달랐다.
첫째 날(일요일)은 시편 24편을 불렀다. 이 노래는 첫째 날 창조를 통해 우주적인 통치를 시작하신 하나님을 찬양하고 있다.

> 땅과 거기에 충만한 것과 세계와 그 가운데에 사는 자들은 다 여호
> 와의 것이로다 여호와께서 그 터를 바다 위에 세우심이여 강들 위에
> 건설하셨도다 _시 24:1-2

둘째 날(월요일)은 시편 48편을 불렀다. 이 노래는 둘째 날 창조에서 궁창을 통해 창조물을 나눈 것을 찬양하고 있다.

여호와는 위대하시니 우리 하나님의 성, 거룩한 산에서 극진히 찬양 받으시리로다 터가 높고 아름다워 온 세계가 즐거워함이여 큰 왕의 성 곧 북방에 있는 시온 산이 그러하도다 _시 48:1-2

셋째 날(화요일)은 시편 82편을 불렀다. 이 노래는 셋째 날 땅이 드러나 며 그 위에 서서 열방을 심판하시는 하나님을 찬양하고 있다.

하나님은 신들의 모임 가운데에 서시며 하나님은 그들 가운데에서 재판하시느니라 너희가 불공평한 판단을 하며 악인의 낯 보기를 언 제까지 하려느냐(셀라) _시 82:1-2

넷째 날(수요일)은 시편 94편을 불렀다. 이 노래는 넷째 날 해와 달과 별들을 만드신 하나님을 노래하며 이런 피조물들을 경배하는 자들을 향 한 하나님의 진노를 기록하고 있다.

여호와여 복수하시는 하나님이여 복수하시는 하나님이여 빛을 비추 어 주소서 세계를 심판하시는 주여 일어나사 교만한 자들에게 마땅 한 벌을 주소서 _시 94:1-2

다섯째 날(목요일)은 시편 81편을 불렀다. 이 노래는 다섯째 날 만드신 다양한 피조물로 인해 하나님을 찬양하고 있다.

우리의 능력이 되시는 하나님을 향하여 기쁘게 노래하며 야곱의 하나님을 향하여 즐거이 소리칠지어다 시를 읊으며 소고를 치고 아름다운 수금에 비파를 아우를지어다 _시 81:1-2

여섯째 날(금요일)은 시편 93편을 불렀다. 이 노래는 여섯째 날 창조를 마치신 하나님을 찬양하고 있다.

여호와께서 다스리시니 스스로 권위를 입으셨도다 여호와께서 능력의 옷을 입으시며 띠를 띠셨으므로 세계도 견고히 서서 흔들리지 아니하는도다 주의 보좌는 예로부터 견고히 섰으며 주는 영원부터 계셨나이다 _시 93:1-2

안식일(토요일)에는 시편 92편을 불렀다. 이 노래는 일곱째 날 안식하신 하나님을 기념하는 안식일의 찬송시다.

지존자여 십현금과 비파와 수금으로 여호와께 감사하며 주의 이름을 찬양하고 아침마다 주의 인자하심을 알리며 밤마다 주의 성실하심을 베풂이 좋으니이다 여호와여 주의 행하신 일로 나를 기쁘게 하셨으니 주의 손이 행하신 일로 말미암아 내가 높이 외치리이다
_시 92:1-4

안식일의 아침 번제에는 시편 92편 외에도 신명기 32장의 '모세의 노

래'를, 저녁 번제에는 출애굽기 15장의 '어린 양의 노래'를 불렀다.

🏺 하늘의 새로운 성전에서 불릴 노래

내가 하늘에서 나는 소리를 들으니 많은 물소리도 같고 큰 우렛소
리와도 같은데 내가 들은 소리는 거문고 타는 자들이 그 거문고 타
는 것 같더라 그들이 보좌 앞과 네 생물과 장로들 앞에서 새 노래를
부르니 땅에서 속량함을 받은 십사만사천밖에는 능히 이 노래를 배
울 자가 없더라 _계 14:2-3

본문은 요한이 밧모 섬에서 본 성전의 환상 중에 나오는 무척 인상적
인 장면이다. 하늘의 24장로들은 이 땅에 있던 성전의 24반차의 제사장
들과 대비된다. 14만 4,000이라는 숫자는 이스라엘의 충만한 숫자로
서, 이스라엘을 가리키는 열두 지파인 12에서 만들어진 숫자일 것이다
(12×12,000=144,000). 이들은 하늘의 새 성전에서 '새 노래'를 부르는데, 이
것은 이전에 땅에 있던 성전에서 불린 매일의 시편과는 다른, 보다 업그
레이드된 '새 노래'일 것이다.

예수님은 왜 아론의 반차가 아니라 멜기세덱의 반차를 좇아서 오셨을까?

제사장의 직무

성전 제사에서 무엇보다 가장 중요한 개념은 화해(reconciliation)와 중재(mediation)였다. 하나님과의 화해를 위해 양, 염소, 황소 등의 동물이 희생제물로 바쳐졌다. 희생제사를 통해 하나님과 화해하는 직분을 수행하는, 하나님이 친히 선택한 중재자들이 바로 제사장과 레위인들이다. 제사장은 히브리어로 '코헨'(כהן)이라고 하는데, 이는 문자적으로 '남을 위해 대신 서 있는 사람'을 가리킨다.

출애굽기는 열두 지파 가운데 특별히 레위 지파가 제사장의 직분을 맡게 된 역사적 배경을 설명하고 있다. 금송아지 사건으로 하나님의 진노를 초래했을 때 레위인들은 분명하게 하나님 편에 서서 우상숭배에 가담한 백성 가운데 3,000명을 죽였다.

이에 모세가 진 문에 서서 이르되 누구든지 여호와의 편에 있는 자는 내게로 나아오라 하매 레위 자손이 다 모여 그에게로 가는지라
_출 32:26

이 일로 인해 레위인은 하나님께 헌신되는 특별한 복을 받게 되었다.

모세가 이르되 각 사람이 자기의 아들과 자기의 형제를 쳤으니 오늘 여호와께 헌신하게 되었느니라 그가 오늘 너희에게 복을 내리시리라 _출 32:29

제사장의 입술은 지식을 지켜야 하겠고 사람들은 그의 입에서 율법

을 구하게 되어야 할 것이니 제사장은 만군의 여호와의 사자가 됨이
거늘 _말 2:7

레위인 가운데 성전에서 봉사하는 제사장의 직분이 맡겨졌고, 이러한
중재자로서의 특징과 기능은 한 사람인 '대제사장'에게 초점이 맞추어졌
다. 시편 기자는 이러한 대제사장의 직분을 아름답게 노래하고 있다.

여호와는 나의 산업과 나의 잔의 소득이시니 나의 분깃을 지키시나
이다 내게 줄로 재어 준 구역은 아름다운 곳에 있음이여 나의 기업이
실로 아름답도다 _시 16:5-6

🏺 제사장의 직무는 어떻게 수행했을까?

제사장은 24반차로 나뉜 직무 순서에 따라 일주일씩 섬겼다. '반차'는
히브리어로 '마흘레케트'(מחלקת, department)라고 하는데, 이는 '나누어진
무리'를 가리킨다. 안식일에서 그 다음 안식일까지 각 반차에 속한 제사
장들이 성전 직무를 섬겼는데, 안식일에는 옛 반차와 새 반차가 성전에
서 함께 봉사했다.

1년의 52주를 24반차의 제사장들이 일주일씩 맡아서 섬겼기 때문에,
기본적으로 각 반차는 1년에 두 차례씩 성전 봉사의 기회를 가졌다. 유대
인들의 특별한 절기에는 원하는 제사장들이 모두 참여할 수 있었고, 특

별히 최대 명절인 초막절에는 24반차의 제사장들이 모두 성전에 나와야 했다.

제사장뿐 아니라 대제사장도 성전 직무 중에만 특별한 제사장복을 입었고 직무를 마친 후에는 평상복으로 갈아입었다. 그러므로 사도행전에서 바울이 평상복을 입고 있던 대제사장을 알아보지 못한 것도 무리가 아니었다.

대제사장 아나니아가 바울 곁에 서 있는 사람들에게 그 입을 치라 명하니 바울이 이르되 회칠한 담이여 하나님이 너를 치시리로다 네가 나를 율법대로 심판한다고 앉아서 율법을 어기고 나를 치라 하느냐 하니 곁에 선 사람들이 말하되 하나님의 대제사장을 네가 욕하느냐 바울이 이르되 형제들아 나는 그가 대제사장인 줄 알지 못하였노라 기록하였으되 너희 백성의 관리를 비방하지 말라 하였느니라 하더라 _행 23:2-5

요한이 환상 중에 본 '촛대 사이에 계신' 예수님이 대제사장의 예복을 갖춰 입은 것을 볼 때 예수님은 하늘에서도 대제사장의 직무를 쉬지 않고 수행하고 계심을 알 수 있다.

촛대 사이에 인자 같은 이가 발에 끌리는 옷을 입고 가슴에 금띠를 띠고 _계 1:13

제사장 직무를 24반차로 정리한 다윗

일주일씩 성전 봉사를 하는 제사장의 직무를 24개의 반차로 정리한 사람은 다윗이다.

> 다윗이 엘르아살의 자손 사독과 이다말의 자손 아히멜렉으로 더불어 그들을 나누어 각각 그 섬기는 직무를 맡겼는데 _대상 24:3

유대인들의 성서 주석인 〈미드라쉬〉에는 모세가 아론의 아들들을 8개의 반차로 나누어 섬기게 했다고 한다. 그러나 이후에 다윗과 사무엘이 의논해서 각각 8개의 반차를 추가해 24개의 반차로 완성했다는 것이다. 역대상 24장에는 다윗 때의 제사장이던 엘르아살의 자손 사독과 이다말의 자손 아히멜렉의 후손들을 통한 24개의 반차가 열거되어 있다.

포로기 이후의 반차

다윗이 정비한 24개 반차의 제사장 직무는 바벨론에 의해 유다가 멸망하기까지 지속되었다. 그러나 70년간의 바벨론 포로 생활을 마치고 돌아올 때는 많이 사라지고 또 일부는 바벨론에 정착하면서 4개 반차 제사장만 이스라엘에 귀환했다. 이들은 여다야, 임멜, 바스훌, 하림 자손들이었다. 이들은 모두 포로기 이후 첫 번째 대제사장이던 예수아의 자손들이었다.

제사장들은 예수아의 집 여다야 자손이 구백칠십삼 명이요 임멜 자

손이 천오십이 명이요 바스훌 자손이 천이백사십칠 명이요 하림 자
손이 천십칠 명이었더라 _스 2:36-39

이들 4개의 반차 제사장들은 24반차의 회복을 위해 각각 5개의 반차
를 뽑도록 지시 받았다고 한다. 세례 요한의 아버지인 사가랴는 아비야
반차에 속해 있었지만(눅 1:5), 사실 아비야 반차는 바벨론에서 돌아오지
않았다. 다윗 시대에 정비한 24개 반차에서 여덟 번째 반차가 아비야 반
차였지만, 바벨론에서 귀환하지 않아 새롭게 추가해서 만들어졌다.

레위 지파 출신인 아론의 반차를 따라 정비된 24개의 제사장 반차는
역사의 굴곡을 지나는 동안 이처럼 불완전하고 임시변통으로 충당되기
도 했다. 세례 요한이 탄생하고 6개월 후 하나님은 아론의 반차와는 별
도로 멜기세덱의 반차를 좇아 새로운 제사장을 예비하셨으니, 그분이 바
로 예수 그리스도시다.

레위 계통의 제사 직분으로 말미암아 온전함을 얻을 수 있었으면
(백성이 그 아래에서 율법을 받았으니) 어찌하여 아론의 반차를 따
르지 않고 멜기세덱의 반차를 따르는 다른 한 제사장을 세울 필요
가 있느냐 _히 7:11

그는 육신에 속한 계명의 법을 따르지 아니하고 오직 불멸의 생명의
능력을 따라 되었으니 증언하기를 네가 영원히 멜기세덱의 반차를

🏺 레위인과 느디님의 직무

다윗은 제사장처럼 레위인의 직무도 24개의 반차로 정비해서 섬기게 했다. 제사장은 레위인 가운데서만 뽑을 수 있었는데, 제사장이 아닌 일반 레위인들에게 맡겨진 역할은 네 가지였다.

1. 제사장을 돕는 역할
2. 가수와 찬양대
3. 성전 문지기와 수비대
4. 성전 청소와 금고 관리

다윗 때에 레위인은 3만 8,000명이 있었는데, 이 중에서 2만 4,000명이 제사장을 돕는 역할을 맡았다. 이를 볼 때 제사장을 돕는 역할이 레위인 직무의 가장 중요한 부분임을 알 수 있다. 이들은 성전에서 제사장의 의복과 성전 기명을 관리하고 진설병을 만들고 분향 제사에 쓰일 향을 만들고 소제를 준비하는 일 등으로 제사장을 도왔다.

바벨론에서 돌아온 이후 제사장의 숫자는 4개의 반차를 모두 합해도 4,289명에 불과했다. 게다가 레위인은 400명도 되지 않았다. 4개의 반차가 각각 5개의 반차를 뽑아 24반차의 제사장을 채웠던 것처럼, 부족한 레위인은 느디님 사람 220명으로 채웠다.

> 다윗과 방백들이 레위 사람들을 섬기라고 준 느디님 사람 중 성전
> 일꾼은 이백이십 명이었는데 그들은 모두 지명 받은 이들이었더라
> _스 8:20

느디님은 히브리어로 '주어진 자'를 뜻하는 '느티님'(נְתִינִים)을 소리나는
대로 옮긴 표현이다. 느디님은 이방인 포로 출신으로서, 성전 제사장에게
'주어진' 노예, 또는 막일꾼을 가리킨다. 이들은 주로 여호수아 정복 전쟁
이후 이스라엘 사회에 편입된 가나안 원주민들이었는데, 처음에는 소수
에 불과했지만 유다 백성이 바벨론 포로에서 돌아올 때쯤에는 612명의
느디님이 있었다. 이들 가운데 특별히 220명이 뽑혀 부족한 레위인을 충
당하게 된 것이다.

우리가 잘 아는 최초의 느디님은 기브온 사람들이다. 이들은 탁월한
변장술로 여호수아가 이끄는 이스라엘 군대에 일찌감치 항복하여 평화
조약을 맺고 진멸되는 운명에서 벗어날 수 있었다.

> 기브온 주민들이 여호수아가 여리고와 아이에 행한 일을 듣고 꾀를
> 내어 사신의 모양을 꾸미되 해어진 전대와 해어지고 찢어져서 기운
> 가죽 포도주 부대를 나귀에 싣고 …… 그들이 길갈 진영으로 가서
> 여호수아에게 이르러 그와 이스라엘 사람들에게 이르되 우리는 먼
> 나라에서 왔나이다 이제 우리와 조약을 맺읍시다 하니 _수 9:3-6

결국 이들의 거짓말은 탄로났지만, 여호수아는 여호와의 이름으로 기브온과 평화 조약을 조인한 이상 다른 가나안 원주민들처럼 그들을 진멸할 수가 없었다. 이후에 기브온 족속은 성막에서 봉사하는 일꾼으로 이스라엘 사회에 완전히 편입되어 살았다.

우리는 기브온 사람들과 관련된 초기의 스토리는 잘 알아도 이후의 스토리는 잘 모른다. 기브온 사람들은 단순히 나무를 패고 물 긷는 노예가 아니라 성막의 제단에 쓰일 목재와 물두멍의 물을 채우는 성막의 하급 일꾼으로 살았다. 이들이 바로 성전 봉사에 참여한 최초의 이방인 출신 느디님이었던 것이다.

> 그날에 여호수아가 그들을 여호와께서 택하신 곳에서 회중을 위하며 여호와의 제단을 위하여 나무를 패며 물을 긷는 자들로 삼았더니 오늘까지 이르니라 _수 9:27

🏺 대제사장의 위임식

제사장 직무의 핵심은 대제사장이다. 대제사장의 자격은 출신을 나타내는 족보가 최우선으로 고려되었다. 이는 아론의 후손에게 대제사장의 직무가 세습되었기 때문이다. 아론의 후손 가운데 몸에 흠집이 없는 사람만이 대제사장으로 위임될 수 있었다. 이처럼 출신 성분과 몸의 흠집 여부라고 하는 이중의 테스트를 통과한 사람에겐 흰옷이 입혀지고 그

옷에 이름이 새겨졌다. 이 같은 대제사장의 선출 과정을 이해할 때 계시록에 나오는 독특한 표현을 새롭게 이해할 수 있다.

> 이기는 자는 이와 같이 흰 옷을 입을 것이요 내가 그 이름을 생명책에서 결코 지우지 아니하고 그 이름을 내 아버지 앞과 그 천사들 앞에서 시인하리라 _계 3:5

대제사장의 직분을 위임하는 의식은 7일간 지속되었는데, 가장 중요한 것은 '기름 부음'의 순간이었다. 올리브 기름은 머리가 아니라 이마에 부었는데, 이때 올리브 기름은 이마에서 아론 자손의 수염을 거쳐 옷깃까지 흘러내렸다.

> 보라 형제가 연합하여 동거함이 어찌 그리 선하고 아름다운고 머리에 있는 보배로운 기름이 수염 곧 아론의 수염에 흘러서 그 옷깃까지 내림 같고 _시 133:1–2

솔로몬 성전 시대에는 기름 부음을 통해 대제사장의 위임식을 거행했지만, 바벨론 포로에서 귀환한 이후로는 이러한 성스러운 기름을 만드는 비법이 소실되었다. 결국 대제사장 위임식에서 가장 중요한 '기름 부음'의 의식이 사라지고 말았다.

'너희 몸을 산 제물로 드리라'는 무슨 뜻일까?

희생제사

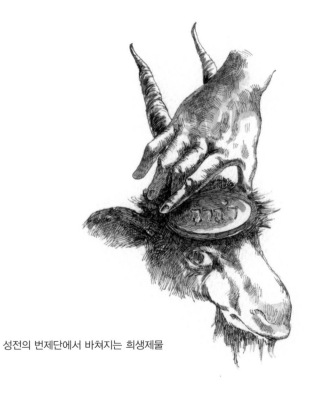

성전의 번제단에서 바쳐지는 희생제물

🏺 희생제사란 무엇인가?

613개의 율법 가운데 무려 150개가 성전에서 드리던 희생제사와 관련된 것이었다. 유대인들에게 희생제사란 서양의 그리스도인들, 그리고 한국의 그리스도인들이 생각하는 의미와는 사뭇 달랐다. 이는 희생제사를 의미하는 단어에서도 분명한 차이를 엿볼 수 있다.

영어는 희생제사를 'sacrifice'로 표현한다. 이는 가치 있는 어떤 것을 위해 자신이 가지고 있는 것을 불태운다는 의미다. 즉 sacrifice는 완전한 포기와 단념, 그리고 내려놓음을 내포하고 있다. 이는 듣기만 해도 참으로 부담스런 단어가 아닐 수 없다. 그래서 바울이 모든 믿는 자에게 주는 권면인 "너희 몸을 하나님이 기뻐하시는 거룩한 산 제물로 드리라"는 말씀은 비장하게 들리기까지 한다.

> 그러므로 형제들아 내가 하나님의 모든 자비하심으로 너희를 권하
> 노니 너희 몸을 하나님이 기뻐하시는 거룩한 산 제물로 드리라 이는
> 너희가 드릴 영적 예배니라 _롬 12:1

이런 이유로 영어에서는 완전히 불태우는 것을 의미하는, 어찌 보면 무시무시하고 부담스러운 'sacrifice' 대신에 좀 더 완화된 표현인 'devotion'을 사용하기를 좋아한다. 요즘에는 더 나아가 'commitment'라는 단어를 즐겨 사용한다. 완전한 희생과 헌신을 부담스러워하는 현대 그리스도인들을 위해 '희생제사'의 의미를 두루뭉술하게 희석시킨 '의

탁'이란 단어를 사용하는 것이다.

반면 히브리어에서는 희생제사를 의미하는 단어로 '코르반'(קרבן)을 사용한다. 코르반은 '가까이 간다', '친밀한 관계를 회복한다'를 의미하는 '미트카레브'(מתקרב)에서 온 단어다. 유대인들은 희생제사를 통해 하나님께 가까이 갈 수 있고, 하나님과 친밀한 관계를 회복할 수 있다고 생각했다.

히브리어의 '희생제사'란 단어 속에는 '버리고 포기하고 불태운다'는 의미가 전혀 없다. 오히려 '코르반'은 유대인들에게 하나님께 가까이 나아가는 친밀한 교제를 떠올리며 그 입가에 잔잔한 미소를 머금게 하는 기쁨의 단어인 것이다. 버리고 불태워야 하는 부담감이 먼저 떠올려지는 'sacrifice'와 다음날 있을 소풍을 앞두고 밤잠을 설치는 설렘을 담고 있는 '코르반'의 극명한 차이를 느낄 수 있겠는가?

하나님께 예배하는 우리의 삶은 세상의 모든 것을 포기하고 십자가에 못 박는 비장함에 앞서서, 하나님 보좌 앞에 가까이 나아가 그분과의 친밀감 속에서 영적인 복과 은혜를 누리는 것이다. 이런 면에서 시편 기자의 고백은 희생제사에 대한 유대인들의 설렘과 영적인 흥분을 담고 있다.

> 하나님께 가까이 함이 내게 복이라 내가 주 여호와를 나의 피난처로
> 삼아 주의 모든 행사를 전파하리이다 _시 73:28

🏺 성전 건축의 의미

유대인들은 하나님이 만드신 피조물의 세계를 광물(mineral), 식물 (vegetable), 동물(animal), 인간(human)의 네 가지 세계로 나눈다. 아담의 범죄가 있기 전에는 하나님과 피조물 간의 관계가 친밀했다. 그러나 범죄 후에 아담과 하와가 에덴동산에서 쫓겨나고 땅이 저주를 받으면서 피조물의 세계에 문제가 생겼다. 유대인들은, 각각의 피조물의 세계는 궁극적으로 자신들의 원천인 하나님께 가까이 가고자 부단히 투쟁하고 갈등한다고 보았다. 피조물의 세계에 대한 유대인들의 이런 개념은 바울이 쓴 로마서에 잘 나타난다.

> 피조물이 다 이제까지 함께 탄식하며 함께 고통을 겪고 있는 것을 우리가 아느니라 그뿐 아니라 또한 우리 곧 성령의 처음 익은 열매를 받은 우리까지도 속으로 탄식하여 양자 될 것 곧 우리 몸의 속량을 기다리느니라 _롬 8:22-23

창조주 하나님에게서 멀리 떨어져 나간 피조물들의 갈등과 탄식, 고통이 회복되고 조화를 이루는 곳이 바로 성전이었다. 성전에서 드리는 희생제사에는 이러한 네 가지 피조물의 세계를 대표하는 상징물들이 모두 등장한다. 희생제사를 집도하는 제사장은 '인간'의 세계를, 희생제사에 바치는 제물은 '동물'의 세계를, 밀과 보리로 바치는 소제는 '식물'의 세계를, 제물에 뿌리는 소금은 '광물'의 세계를 각각 대표하는 것이다.

🏺 희생제사: 대체

희생제사를 드리는 종교 의식은 대부분의 문화에서 발견된다. 이는 에덴동산에서 쫓겨나 하나님한테서 멀어진 인간이 신과의 관계에 대한 관심, 더 나아가 내면의 죄의식에서 비롯된 인류의 공통된 현상이다. 많은 문화에서 동물을, 심지어 사람을 희생제물로 바침으로써 화가 난 신을 달래려는 시도를 했다.

모세오경의 레위기에 나타나는 희생제사는 희생제사에 대한 인류의 보편적 의식과 함께 '대체'(substitution)의 의미를 추가적으로 내포하고 있다. 성전의 번제단에서 바쳐지는 희생제물은 바로 희생제물을 가져온 사람을 '대신'한다는 것이다. 즉 제사를 드리는 사람이 흘려야 할 피를 희생제물의 피로써 대신한다는 것이다. 희생제사의 핵심은 제물이 흘리는 '피'에 있기 때문에 레위기는 피를 먹는 것을 철저하게 금지하고 있다.

> 육체의 생명은 피에 있음이라 내가 이 피를 너희에게 주어 제단에 뿌려 너희의 생명을 위하여 속죄하게 하였나니 생명이 피에 있으므로 피가 죄를 속하느니라 _레 17:11

이런 관점에서 희생제사에 대한 유대교와 신약의 관점은 놀랍도록 일치한다.

> 율법을 따라 거의 모든 물건이 피로써 정결하게 되나니 피 흘림이 없

은즉 사함이 없느니라 _히 9:22

모든 생명체의 영혼은 피에 있다. 그 피를 주어 남의 영혼을 구속한
다 _랍비 라쉬

제단에서 영혼을 주고 너를 구속한다. 동물의 영혼은 사람의 영혼
을 대속한다 _랍비 모세 벤-나흐만

🏺 희생제사: 완벽한 것이 올 때까지……

이처럼 희생제사의 핵심은 '대체'에 있다. 이러한 대체는 '하나님의 용
납 하에 일시적으로 죄가 덮어지는 것'을 의미한다.

허물의 사함을 받고 자신의 죄가 가려진 자는 복이 있도다 마음에
간사함이 없고 여호와께 정죄를 당하지 아니하는 자는 복이 있도다
_시 32:1-2

그러나 중재자 제사장을 세운 레위기의 희생제사는 두 가지 면에서 치
명적인 약점과 불완전성이 있었다.
첫째, 제사를 드리는 제사장이 완벽하지 않았다. 희생제사를 중재하는
제사장들은 시대가 지나면서 계속 바뀌었다. 또한 제사장들도 자신의 정

결을 위해 추가로 제사를 드려야 했다.

둘째, 제사에 바치는 희생제물이 완벽하지 않았다. 제사에 드리는 양, 염소, 황소의 피는 불완전했고 매년 갱신이 필요했다.

레위기에 나타난 희생제사는 '대체'에 불과했는데, 완벽한 제물과 완벽한 중재자가 나타날 때까지 하나님이 조건부로 허락하신 상징이요 일종의 계약이었다. 완벽한 제사가 이루어질 때까지 인간의 죄는 '가리워졌고', '간과되었던' 것이다.

> 이 예수를 하나님이 그의 피로써 믿음으로 말미암는 화목제물로 세우셨으니 이는 하나님께서 길이 참으시는 중에 전에 지은 죄를 간과하심으로 자기의 의로우심을 나타내려 하심이니 _롬 3:25

> 제사장마다 매일 서서 섬기며 자주 같은 제사를 드리되 이 제사는 언제나 죄를 없게 하지 못하거니와 오직 그리스도는 죄를 위하여 한 영원한 제사를 드리시고 하나님 우편에 앉으사 그 후에 자기 원수들을 자기 발등상이 되게 하실 때까지 기다리시나니 그가 거룩하게 된 자들을 한 번의 제사로 영원히 온전하게 하셨느니라 _히 10:11-14

🏺 희생제사냐 순종이냐, 그것이 문제로다

예수님 당시에 바리새인 랍비들은 희생제사가 구약의 핵심이 아니라고 주장하면서 성전을 중심으로 한 종교적 기득권 세력인 사두개인들을 비판했다. 바리새인들이 주로 인용한 말씀은 진정한 회개와 마음의 변화 없이 드리는 희생제사를 비판한 선지자들의 말이었다.

여호와께서 말씀하시되 너희의 무수한 제물이 내게 무엇이 유익하 뇨 나는 숫양의 번제와 살진 짐승의 기름에 배불렀고 나는 수송아 지나 어린 양이나 숫염소의 피를 기뻐하지 아니하노라 _사 1:11

여호와께서 천천의 숫양이나 만만의 강물 같은 기름을 기뻐하실까 내 허물을 위하여 내 맏아들을, 내 영혼의 죄로 말미암아 내 몸의 열 매를 드릴까 사람아 주께서 선한 것이 무엇임을 네게 보이셨나니 여 호와께서 네게 구하시는 것은 오직 정의를 행하며 인자를 사랑하며 겸손히 네 하나님과 함께 행하는 것이 아니냐 _미 6:7-8

내적인 변화 없이 외형으로만 드리는 희생제사는 단순한 '세레모니' (ceremony)에 불과했다. 그러나 희생제사에 대한 영적인 의미와 상징들은 시대가 지나면서 변질되기 시작했다. 특히 솔로몬 왕 때 성전이 건축되면 서 광야의 성막에서 드리던 희생제사에 획기적인 변화가 일어났다. 언제 든지 이동 가능하고(portable) 소박했던 성막은 예루살렘에서 성전으로 탄생하면서 옮겨 다닐 수 없는 화려한 건축물로 바뀌었다.

성전을 건축했던 솔로몬 왕의 삶은 성전의 변질과 같은 궤를 그리고 있다. 솔로몬 왕은 초기에 성전을 봉헌했던 순수한 예배자였으나 임기

말년에는 우상숭배와 이방 여인과의 결혼으로 타락하고 변질되었던 것이다. 솔로몬 왕은 우주의 지배자이신 하나님이 자신이 지은 성전 안에 거할 수 없음을 잘 알았다.

> 하나님이 참으로 땅에 거하시리이까 하늘과 하늘들의 하늘이라도 주를 용납지 못하겠거든 하물며 내가 건축한 이 성전이오리이까
>
> _왕상 8:27

그러나 언제든 이동이 가능한 성막이 예루살렘에 건축물로 지어지면서 희생제사의 영적인 의미들은 고착되고, 성전은 다윗과 솔로몬 왕조를 위한 축복문이 선포되는 왕조의 성소로 변해 갔다. 성전에서 희생제사가 매일 드려졌지만 우상숭배가 만연했고 온갖 불의와 부정부패가 퍼졌다.

특히 예수님 당시의 헤롯 성전은 솔로몬 성전보다 더 화려하고 웅장했으며 성전에서 드리는 희생제물로 인해 기드론 시내가 핏빛으로 변했지만, 성전을 중심으로 한 제사장들의 타락상은 이스라엘 전 역사에서 가장 심각했다. 결국 대제사장직을 독식하던 안나스 가문의 음모와 기득권을 잃지 않으려는 종교 세력자들의 탐욕으로 인해 예수 그리스도를 십자가에 못 박는 씻을 수 없는 죄악을 범하고 말았다.

예수님 당시 랍비들은 헤롯 성전에서 중요한 다섯 가지가 빠졌다고 지적했다. 법궤, 거룩한 불, 하나님의 임재(슈키나), 예언의 영, 우림과 둠밈이 그것이다. 지성소에 있어야 할 법궤는 없었고, 하늘에서 내려온 거룩한 불로 태워졌던 번제단의 제물은 제사장들이 피운 인위적인 불로 태워졌

다. 대제사장의 가슴에 다는 흉패 안에 부착되어서 하나님의 뜻을 판결하는 데 쓰이던 우림과 둠밈도 없었다. 흉패는 더 이상 판결 흉패가 아닌 단순한 흉패에 불과했다.

바리새인들은 하나님의 임재가 사라진 성전에서 드리는 희생제사보다 기도와 금식을 통한 율법 준수가 더 중요하다고 주장했다. 그러나 겉으로 드리는 희생제사가 중요한가, 아니면 내면의 변화와 하나님의 뜻에 순종하는 삶이 중요한가의 문제는 성전시대만의 화두는 아니었다. 성전이 세워지기 전인 사무엘 때부터 대두되었던 중요한 이슈였던 것이다.

> 사무엘이 이르되 여호와께서 번제와 다른 제사를 그의 목소리를 청종하는 것을 좋아하심같이 좋아하시겠나이까 순종이 제사보다 낫고 듣는 것이 숫양의 기름보다 나으니 _삼상 15:22

이를 오늘날로 적용한다면 매주 교회에 가서 예배만 드리는 것이 중요한가, 아니면 예배를 드리지 않더라도 하나님의 뜻대로 순종하며 사는 것이 중요한가의 문제로 연결된다. 사실 어느 것 하나를 버리고 다른 하나를 선택하는 것이 불가능하지만, 예배를 열심히 드리는 신자들에게 구체적인 순종의 삶이 따르지 않을 때는 이런 문제들이 심각하게 부각될 수밖에 없다. 예수님 당시에도 헤롯 성전에서 희생제사가 화려하게 드려졌지만 제사장들의 타락상이 심각해 희생제사 자체의 유효성을 놓고 바리새인과 사두개인들이 첨예한 논쟁을 벌였던 것이다.

CHAPTER

예수님은 왜 성문 밖에서 고난을 당하셨을까?

번제, 속죄제, 속건제, 화목제, 소제

제단 밑에 피를 뿌리는 제사장들

🏺 희생제사 드리기

희생제사의 원칙

희생제사는 하나님이 지정한 장소에서 하나님이 지정하신 방법에 따라 드려야 유효했다. 그런 점에서 희생제사는 전적으로 하나님께 속한 의식이었다. 희생제사의 세 가지 원칙은 다음과 같다.

첫째, 희생제물은 제사를 드리는 자에게 속한 것이어야 한다.

둘째, 희생제물은 흠이 없어야 한다. 유대 문헌인 〈미쉬나〉는 흠이 없는 제물에 대하여 73가지 항목을 들어 자세하게 언급하고 있다.

셋째, 피 없이 드리는 제사인 소제(meal offering)에 누룩과 꿀이 섞이면 안 된다. 이는 누룩과 꿀이 각각 발효와 부패를 상징하기 때문이다. 이런 의미에서 발효와 부패를 막는 소금이 제물에 추가되었다.

희생제물로 바치는 동물들

네 발 달린 동물 가운데서 황소, 양, 염소만을 희생제물로 드렸다. 아울러 산비둘기(또는 집비둘기)를 드릴 수 있었는데, 산비둘기는 동물을 바칠 수 없는 가난한 자를 위해 대체물로 사용되었다.

희생제사의 행위

번제단에서 드리는 희생제사는 제물을 바치러 온 사람이 하는 행위와 제사장이 하는 행위가 엄격하게 구별되었다. 번제단 위에서 하는 모든 행위는 제사장에게만 허락되었는데, 이는 번제단에 올라간 것은 모두 거룩해지고 다시 꺼낼 수 없었기 때문이다.

> 맹인들이여 어느 것이 크냐 그 예물이냐 그 예물을 거룩하게 하는
> 제단이냐 _마 23:19

제물을 바치는 자가 해야 하는 다섯 가지 행위는 안수, 제물의 도살, 가죽 벗기기, 자르기, 내장 씻기 등이었다. 한편 제사장이 해야 하는 다섯 가지 행위는 피 뽑기, 피 뿌리기, 제단의 불 피우기, 나무 올리기, 제물 올리기 등이었다.

안수

제물을 가져온 사람이 제물에 안수함으로써 희생제사는 공식적으로 시작되었다. 안수는 히브리어로 '쓰미하'(סמיכה)라고 하는데, 이는 '기댄다, 의지한다'는 의미를 갖고 있다. 그러므로 안수는 단순히 손을 얹는 정도가 아니라 희생제물의 머리에 자신의 체중을 완전히 싣고 기대며 의지하는 상태를 말한다. 이런 상태에서 희생제물을 살짝 치운다면 안수하는 사람은 넘어지게 된다. 안수는 자신의 권위, 책임, 정체성의 모든 것을 희생제물에 전가시키는 것이다.

여성은 제물을 가져올 수 있지만 안수할 수는 없었다. 안수 행위는 전가(transmission)와 대표(representative)를 의미하는데, 이는 희생제물이 제물을 드리는 사람을 '대체'함을 잘 보여 준다. 안수는 죄의 고백과 기도가 함께 따라야 했다.

제물을 드리는 자는 서쪽의 지성소를 향해 서고 손을 제물의 뿔 사이에 얹은 다음 죄를 고백하면서 기도했다. 안수할 때 한 손으로 했는지, 두 손으로 했는지는 확실하지 않다. 다만 모든 체중을 손에 실어 제물위에 안수했다. 어린아이, 시각 장애인, 청각 장애인, 정신 장애인, 이방인 개종자는 안수할 수 없었다.

피 뿌리기

희생제사는 동물을 도살해 번제단에서 태우는 것이다. 그러나 한 가지 간과해서는 안 되는 것이 '즈리하트 담'(זריחת דם)으로 불리는 '피 뿌리기'다. 레위기에는 이스라엘 백성이 구별해서 먹어야 할 정결한 음식들의 목록이 자세하게 나온다. 음식 정결법을 어긴다고 해서 사형에 처해지지는 않았다. 그러나 피를 먹는 행위에는 심각한 처벌이 따랐다.

> 이스라엘 집 사람이나 그들 중에 거류하는 거류민 중에 무슨 피든지 먹는 자가 있으면 내가 그 피를 먹는 사람에게는 내 얼굴을 대하여 그를 백성 중에서 끊으리니 육체의 생명은 피에 있음이라 내가 이 피를 너희에게 주어 제단에 뿌려 너희의 생명을 위하여 속죄하게 하였나니 생명이 피에 있으므로 피가 죄를 속하느니라 _레 17:10-11

피를 먹는 자에게 임할 '끊어지는' 형벌은 히브리어로 '카레트'(כרת)라고 한다. 이는 '자르다, 끊어짐, 영혼의 추방'을 의미하는 무시무시한 단어다.

랍비 나흐마니데스는 이렇게 말했다.

하나님은 인간이 동물의 육체를 인간의 유익을 위해 쓸 수 있도록 허락했다. 그러나 영혼을 대표하는 '피'는 사람의 속죄를 위해서만 사용하도록 허락하셨다. 피는 동물과 사람 모두에게 그 영혼을 대표한다.

번제, 속건제, 화목제에서 희생제물의 피는 그릇에 모아 번제단에 직접 부었다. 매번 번제단의 네 구석 중 두 구석에 피를 부었다. 속죄제에서는 피가 버려지는 것이 아니라 뿌려졌다. 오른손 집게손가락으로 피를 찍어서 엄지손가락을 이용해 피를 뿌렸다. 속죄의 중요성으로 인해 속죄제에서는 번제단의 네 구석에 모두 제물의 피가 뿌려졌다.

가죽 벗기기

희생제물의 피가 제사장에 의해 번제단에 뿌려지면(또는 부어지면) 제물을 바치는 자는 제물의 가죽을 벗기고 토막을 내고 각을 뜬다. 이 모든 과정은 순서대로 집행되어야 하는데, 바울이 디모데에게 권면한 '옳게 분별하다'는 표현은 희생제물의 각을 뜨는 복잡한 과정에서 사용된 단어였다.

너는 진리의 말씀을 옳게 분별하며 부끄러울 것이 없는 일꾼으로 인정된 자로 자신을 하나님 앞에 드리기를 힘쓰라 _딤후 2:15

희생제물 태우기

번제단에서 타는 제물은 죄에 대한 하나님의 진노와 심판을 상징한다. 번제단에서 제물을 '태운다'에 해당하는 히브리어 동사인 '올라'(עלה)는 단순히 태우는 것이 아니라 '타서 연기가 되어 올라간다'는 의미를 가지고 있다. 이는 번제단에서 드리는 희생제물이 '향기로운 냄새'가 되어 하나님께 받아들여짐을 의미했다.

> 그 내장과 정강이를 물로 씻을 것이요 제사장은 그 전부를 제단 위에서 불살라 번제를 드릴지니 이는 화제라 여호와께 향기로운 냄새니라 _레 1:9

🏺 번제

번제(burnt offering)로 번역된 히브리어 단어는 '올라'(עלה)다. 제물을 번제단에서 완전히 태워서 연기가 되어 올라가는 것을 의미하는데, 제사를 집도한 제사장의 몫으로 일부가 남겨지는 다른 제사와 달리 번제는 번제단에서 남김없이 태웠다. 이는 '완전한 봉헌과 헌신'을 의미했다.

번제의 제물로는 소, 양, 염소, 비둘기를 드렸고, 번제로 드리는 제물은 반드시 존귀, 힘, 에너지를 상징하는 '수컷'이어야 했다.

번제는 집단 번제와 개인 번제로 나뉘었다. 집단 번제는 매일 아침과 저녁에 드리는 상번제와 안식일, 월삭, 절기에 추가로 드렸다. 개인 번제는 제사장 임직식이 끝난 후, 출산 후 여성의 정결례, 나병환자가 완치된 후, 나실인 서원이 끝난 후에 각각 드렸다.

번제의 제물로 바치는 동물은 대퇴부의 힘줄을 제거했는데, 이는 야곱을 기억하기 위함이었다. 제물의 가죽은 제사장에게 속했는데 이는 제사장들의 주된 수입원이었다.

> 그 사람이 야곱의 허벅지 관절에 있는 둔부의 힘줄을 쳤으므로 이스라엘 사람들이 지금까지 허벅지 관절에 있는 둔부의 힘줄을 먹지 아니하더라 _창 32:32

번제는 이방인들도 가져올 수 있는 유일한 희생제사였다. 로마 제국의 초대 황제인 카이사르 아우구스투스(눅 2:1, 가이사 아구스도)는 유대 땅을 다스리면서 매일 드리는 상번제에서 자신을 위해 두 마리 양과 한 마리 황소를 바치도록 했다. 이로써 로마가 유대 땅의 주인임을 선포한 것이다. 66년 로마에 대항한 반란이 일어났을 때, 반란의 주동자인 엘르아살은 로마 황제를 위해 바치는 번제를 폐함으로써 반란을 공식적으로 선언하게 되었다.

🏺 속죄제

속죄제(sin offering)로 번역된 히브리 단어는 '하타트'(חטאת)다. '죄'를 의미하는 '헤트'(בטח)를 어원으로 해서 속죄제로 번역된 듯하다. 그러나 랍비 다비드 츠비 호프만(David Tzvi Hoffman)은 번역상의 오류를 지적했다. 죄를 범한 것과 무관한 경우에도 속죄제의 제사를 드리는 경우가 있기 때문이다. 예를 들어 출산 후의 여성과 나병환자, 그리고 시체를 접촉한 이후에도 속죄제를 드렸다.

랍비 다비드 츠비 호프만은 '하타트'의 어원이 '죄'를 의미하는 '하타'가 아니라, '정결하게 하다'를 의미하는 '하타'(בטח)에서 왔다고 주장했다. 이것은 내가 히브리대학교 의과대학 실험실에서 일하면서 하루에도 몇 번씩 듣던 단어이기도 하다. 성전 관련 용어로는 '정결하게 하다'이지만, 실험실 용어로는 '살균, 소독하다'를 의미하기 때문이다. 철저한 살균 처리가 필요한 분자생물학적인 실험을 하면서 나는 하루에도 몇 번씩 실험도구들을 소독하곤 했다.

이를 볼 때 '하타트'는 '죄'를 뜻하는 단어와 '정결하게 하다'를 뜻하는 단어, 즉 어원적으로 의미가 상반되는 단어들을 모두 내포하고 있다.

향기로운 냄새로써 하나님께 드리는 번제, 소제, 화목제와 달리, 속죄제는 번제단에서 제물을 태우지 않고 진 바깥의 재를 버리는 곳에서 제물을 태웠다. 속죄제는 기쁨이 없고 오로지 하나님의 자비만을 구하는 제사이므로 기름과 유향의 사용이 철저하게 금지되었다.

속죄제는 가장 중요한 희생제사로서, 히브리서 기자는 예루살렘 성 바깥에서 고난을 당하신 예수님의 죽음을 진 밖에서 드려진 속죄제로 설명하고 있다.

우리에게 제단이 있는데 장막에서 섬기는 자들은 그 제단에서 먹을 권한이 없나니 이는 죄를 위한 짐승의 피는 대제사장이 가지고 성소에 들어가고 그 육체는 영문 밖에서 불사름이니라 그러므로 예수도 자기 피로써 백성을 거룩하게 하려고 성문 밖에서 고난을 받으셨느니라 그런즉 우리도 그의 치욕을 짊어지고 영문 밖으로 그에게 나아가자 _히 13:10-13

다른 제사와 구별되는 속죄제만의 두 가지 특징은 다음과 같다.

제물을 드리는 자의 영적인 신분에 따라 바치는 제물이 다르다
- 황소를 드리는 경우: 대속죄일에 대제사장을 위한 속죄제, 모든 회중이 모르고 범한 죄를 위한 속죄제, 제사장과 레위인의 위임식에서 드리는 속죄제
- 숫양을 드리는 경우: 대속죄일에 이스라엘 모든 회중을 위한 속죄제, 모르고 죄를 범한 족장을 위한 속죄제
- 암염소를 드리는 경우: 이스라엘 사람 개인의 죄를 위한 속죄제
- 비둘기를 드리는 경우: 출산 후 정결례를 위한 여인의 속죄제

피를 붓지 않고 뿌린다
희생제물의 피는 번제단의 네 구석에 있는 뿔에 뿌려진다. 피를 뿌리는 순서는 남동쪽의 뿔에서 시작해 북동쪽, 북서쪽, 남서쪽 순으로 한다. 속죄제의 피가 제사장 옷에 묻으면 불결함을 의미하므로 세심한 주의가

필요했다. 속죄제의 희생제물은 제사장들이 성전 안에서 먹었는데, 이는 속죄 제사가 하나님께 받아들여졌음을 의미했다.

속건제

속건제(trespass offering)로 번역된 히브리 단어는 '아샴'(אשם)이다. 이것은 '보상 또는 배상'을 의미한다. 예를 들어 민수기 5장 7절에 도둑질한 경우에 그의 죄값(아샴)에 대한 언급이 나온다. 남에게 손상을 준 죄악의 경우 구체적인 배상을 해야 했다.

그 지은 죄를 자복하고 그 죄 값(아샴)을 온전히 갚되 오분의 일을
더하여 그가 죄를 지었던 그 사람에게 돌려줄 것이요 _민 5:7

속죄제와 속건제의 구별이 어렵지만, 두 단어의 어원을 분석하면 그 의미가 분명해진다. 속건제는 구체적으로 범한 죄에 대하여 드리는 제사였다. 속죄제가 죄의 근원에 대해서 드려진 제사라면, 속건제는 죄의 열매에 대해 드려진 제사인 것이다.

치유받은 나병환자는 속건제를 드렸는데 나병은 공동체 전체를 더럽히는 잘못이기 때문이다. 갑작스런 시체와의 접촉으로 나실인 서원을 범한 사람도 속건제를 드렸는데 서원의 파기는 하나님께 직접 잘못을 범한 것이기 때문이다. 이처럼 구체적인 죄에 대해 드리는 제사가 속건제였다.

속건제물은 내장을 번제단에서 태운 후 고기는 집도한 제사장이 성전 안에서 먹었다.

🏺 화목제

히브리어로 '슐레밈'(שׁלמים)이라고 하는 화목제(peace offering)는 하나님과의 완전한 평화를 상징하는 가장 즐거운 제사였다. 이스라엘 백성은 화목제를 통해 언약의 하나님과 행복한 교제를 나누었다.

> 그러므로 우리가 믿음으로 의롭다 하심을 받았으니 우리 주 예수
> 그리스도로 말미암아 하나님과 화평을 누리자 _롬 5:1

화목제를 드린 후에는 모든 사람이 함께 잔치를 벌이며 제물을 나누어 먹었다. 이처럼 하나님과의 화평, 그리고 사람들 간의 친교가 목적인 화목제에서는 소, 양, 염소만을 제물로 바쳤다. 함께 나눠 먹을 것이 없는 비둘기는 바칠 수 없었다. 수컷만 드리는 번제와 달리 화목제물은 암수의 구별이 따로 없었다.

이스라엘 사람들은 하나님이 화목제 잔치에 친히 손님으로 오셔서 식사에 동참하신다고 생각했다. 이러한 유대인들의 사고는 요한이 기록한 계시록에 잘 나타나 있다.

볼지어다 내가 문 밖에 서서 두드리노니 누구든지 내 음성을 듣고 문을 열면 내가 그에게로 들어가 그와 더불어 먹고 그는 나와 더불어 먹으리라 _계 3:20

🏺 소제

소제(meal offering)는 피 없는 제사로서 보리와 밀과 같은 곡식의 가루를 바쳤다. 독자적으로 드리는 제사가 아니고 일반적으로 번제 또는 화목제와 함께 드렸다. 그러나 소제는 속죄제, 속건제와는 함께 드릴 수 없었다. 소제를 독자적으로 드리는 경우는 속죄제를 위해 비둘기마저도 바치기 힘든 가난한 사람들을 위해 소제로써 속죄제를 대신한 경우였다.

만일 그의 손이 산비둘기 두 마리나 집비둘기 두 마리에도 미치지 못하면 그의 범죄로 말미암아 고운 가루 십분의 일 에바를 예물로 가져다가 속죄제물로 드리되 이는 속죄제인즉 _레 5:11

초실절에 바치는 첫 보리단, 칠칠절에 바치는 밀가루로 만든 떡 두 덩이, 매주 안식일에 교체된 진설병이 성전에 바치는 대표적인 소제였다. 소제는 꿀과 누룩을 함께 드릴 수 없고 올리브 기름과 유향은 첨가될 수 있었다.

CHAPTER

성서시대 소금의 역할은 무엇일까?

소금의 세 가지 기능

염해의 소금

이스라엘을 포함한 고대 근동 지방에서 소금의 의미는 오늘날과 분명 달랐다. 현대인들에게 '소금' 하면 떠오르는 이미지는 아마도 성인병과 관련된 고혈압일 것이다. 짜게 먹는 것이 고혈압에 안 좋다고 언론이나 주위에서 귀가 따갑게 들었기 때문이다. 희생제물에 뿌리는 소금과 예수 님이 말씀하신 소금의 비유들을 이 같은 현대인의 개념으로 해석하면 전혀 엉뚱한 해석이 나올 수밖에 없다.

성서시대 유대인들에게 소금은 세 가지 기능을 했다.

보존

생선과 고기의 보존

냉장고가 없던 성서시대에 생선과 고기를 보존할 수 있는 유일한 방법은 바로 소금에 절이는 것이었다. 흔히 막달라 마리아로 알려진 여인의 고향인 '막달라'는 로마의 통치를 받던 당시 로마식 명칭으로 'terra kia' 였는데 이는 '소금에 절인 생선'을 의미한다. 예수님 당시 갈릴리 서쪽에 위치한 막달라는 그의 로마식 도시명처럼 갈릴리에서 잡은 생선을 소금에 절이는 '소금 염장업'이 발달한 도시였다.

언약의 보존

계약 체결과 관련해서 '소금'은 계약의 보존을 의미했지만 '누룩'은 계약의 파기와 반역을 의미했다. 성서시대에 조약과 동맹을 체결한 후에

'소금'에 절인 고기를 함께 먹음으로써 계약의 지속을 의미하는 의식을 가졌다.

계약식을 체결하고 함께 소금에 절인 고기를 먹은 다음에 저주 선언을 했는데 이때에도 소금이 다시 등장한다. 그런데 여기서 소금의 의미는 약간 다르다. 이는 이 조약을 먼저 깨는 '배반자'에게 저주가 임할 터인데, 그 저주는 배반자와 그의 가족이 대대로 씨가 없는 소금처럼 자식을 잉태하지 못할 것이라는 선포적 의미가 있는 것이다.

곡식 소제에 들어간 소금

성전에서 제사를 드릴 때 모든 곡식의 소제물에 소금을 넣은 것도 하나님과 이스라엘 간에 계약이 유효하며 지속됨을 의미했다.

네 모든 소제물에 소금을 치라 네 하나님의 언약의 소금을 네 소제에 빼지 못할지니 네 모든 예물에 소금을 드릴지니라 _레 2:13

하나님이 다윗과 맺으신 소금 언약

여로보암의 반역으로 이스라엘은 남유다와 북이스라엘로 나뉘었다. 남유다의 아비야 왕은 북이스라엘의 여로보암 왕과 전쟁을 벌이면서 하나님이 다윗과 맺으신 소금 언약을 여로보암에게 상기시켰다. 이는 여로보암 정권의 부당성을 지적하기 위함이었다.

이스라엘 하나님 여호와께서 소금 언약으로 이스라엘 나라를 영원

🏺 맛을 내는 것

'사해'인가 '염해'인가

일반적인 바다의 염도가 3.7%인 것과 달리 이스라엘의 사해(염해)는 바다보다 9배가 높은 33%의 염도를 자랑한다. '생긴 모양'을 가지고 사물을 파악하는 헬레니즘(서구 사상)의 개념으로 볼 때 사해는 물고기가 살 수 없는 죽은 바다일 테지만, '기능'을 중심으로 사물을 파악하는 헤브라이즘(유대인 사상)의 시선으로 보면 '사해'가 아니라 '염해'다.

흔히 이 바다를 사해라고 부르지만 성경 어디에도 '사해'라는 표현은 없다. 오직 염해라는 표현이 아홉 번이나 등장할 뿐이다. 유대인들도 이 바다를 '얌 하멜라흐'(הים המלח)라고 부르는데 이는 '염해'라는 성경적 표현 그대로다. 이는 성경을 읽는 우리의 사고가 얼마나 헬레니즘적인가를 보여 주는 일례라 할 수 있다. 우리가 읽는 성경이 태어난 고장은 예루살렘인데 그것을 읽고 이해하는 우리의 머리와 사고는 서구 사상이 탄생한 아테네에 있지 않은가.

소금과 봉급

유대인 속담 가운데 소금의 유용성에 대한 재미있는 표현이 있다.

이스라엘의 염해

포도주 없이는 살아도 물 없이는 못 산다. 후추 없이는 살아도 소금
없이는 못 산다.

이처럼 소금은 성서시대에 가장 가치 있고 소중한 것이었다. 로마시대
에는 소금으로 봉급을 주었다고 하는데, 봉급을 의미하는 영어 'salary'
가 소금에 해당하는 'salt'에서 나왔다고 한다.

이런 표현이 성경에도 등장하는데 관심을 갖고 보지 않으면 놓치기 쉬
운 말씀이다. 페르시아에서 돌아온 스룹바벨과 예수아를 중심으로 성전
을 재건하던 당시에 사마리아와 암몬의 대적자들은 페르시아의 아닥사
스다 왕에게 자신들의 충성심을 호소하며 성전 재건을 막아달라는 상소
문을 올렸다. '왕궁의 소금을 먹으므로'라는 표현은 '왕궁으로부터 봉급

을 받는다'는 말인데, 우리 식으로 말하면 '왕궁의 녹을 받는다'에 해당한다.

> 우리가 이제 왕궁의 소금을 먹으므로 왕이 수치 당함을 차마 보지 못하여 사람을 보내어 왕에게 아뢰오니 _스 4:14

'소금'의 비유, 제대로 이해하고 있는가?

맛을 내는 소금과 관련해서 **빼놓을 수 없는** 말씀이 예수님의 산상수훈 가운데 나온다. 이 말씀은 신자들뿐만 아니라 불신자들도 잘 알 만큼 유명하다. 그러나 이 말씀을 제대로 이해하는 사람은 그리 많지 않다.

> 너희는 세상의 소금이니 소금이 만일 그 맛을 잃으면 무엇으로 짜게 하리요 후에는 아무 쓸데없어 다만 밖에 버려져 사람에게 밟힐 뿐이니라 _마 5:13

이 세상에 짜지 않은 소금도 있는가?

마태복음 5장 13절은 많은 성도들이 암송하는 말씀이지만 몇 가지 질문을 하면 쉽게 대답하지 못하는 말씀이기도 하다. '소금이 맛을 잃으면'이라는 가정적 표현이 문제인데, 이 세상에 과연 짠맛을 잃은 소금이 있을까? 소금은 짜고 설탕은 단 것이 자연의 이치인데, 달지 않은 설탕이 이 세상에 존재하지 않듯이 짜지 않은 소금도 이 세상에 존재하지 않는다. 이 말씀은 '해가 서쪽에서 뜨면', '하늘이 무너지면'과 같이, 가정 자체가 불가능한데, 이에 대해 문제 의식을 갖고 이 말씀을 묵상하는 성도를 아직 만나 보지 못했다.

또 다른 문제는 소금이 맛을 잃으면 쓸데없어 '밖에 버려져 사람에게 밟힌다'는 표현이다. 일반적으로 소금은 요리할 때 넣으면 완전히 녹아서 사라진다. 녹아서 완전히 용해된 소금을 어떻게 밖에 버리고 게다가 지나가는 사람들이 밟을 수 있단 말인가?

염해의 '소금돌', 오늘날의 정제된 소금이 아니다?

위의 두 가지 문제는 말씀에 나오는 소금을 오늘날 시장에서 파는 정제된 소금의 개념으로 해석하면 도저히 풀 수 없는 수수께끼다. 성경 말씀을 현대인의 관점과 시각에서 잘못 이해하고 또한 아무런 문제 의식 없이 넘겨 버리는 경우가 참으로 많다. 우리에게 너무나 잘 알려진 산상수훈의 '빛과 소금'의 비유를 통해 현대를 사는 성도들이 성경을 읽는 올바른 시각을 가졌으면 좋겠다.

성서시대의 소금은 오늘날의 정제된 소금이 아니라 염해 주변에서 나는 '소금돌'이었다. 이스라엘을 여행해 본 사람이라면 알 텐데, 소금돌은 염해 남쪽의 소금산에서 많이 나온다. 소금산 자체가 일부의 진흙과 돌을 빼면 거대한 소금 덩어리이기 때문에, 소금산과 그 지하로 수킬로미터 이어진 소금 암반이 바로 옆에 있는 거대한 염해를 고농도의 염도로 유지시켜 주는 것이다.

당시에 소금산 주변에서 캐낸 소금돌은 화폐가 생기기 이전에 화폐의 역할을 하던 소금처럼 무척 귀한 것이었다. 현재에도 정확한 위치를 알 수 없지만, 대부분의 고고학자들은 염해 남쪽의 소금산 주변을 소돔과 고모라로 본다. 이를 볼 때 소돔과 고모라는 주변에 있는 소금산의 소금 돌을 팔아서 얻은 재물로 인해 무척 부유한 도시였을 가능성이 높다. 이렇게 부유한 도시가 유황불로 심판을 받아 흔적조차 없게 되었다.

성서시대 여인들은 시장에서 소금돌을 사와 물에 담가 두었다. 그렇게 하루가 지나면 소금이 우러나와서 짠물이 되는데 그 짠물을 빵을 반죽하거나 요리할 때 넣었다. 이렇게 며칠 우러내고 나면 소금돌은 소금의 짠맛을 잃은 돌멩이가 된다. 이것이 바로 본문에 나오는 '짠맛을 잃은 소금'이다. 이렇게 며칠 우러내서 소금기가 완전히 빠진 소금돌은 아무 쓸데가 없으므로 밖에 버리게 되고 지나가는 사람들이 밟게 된다는 것이다.

〇 정제

버려진 아이와 소금

소금물로 상처를 씻으면 살균과 정제 효과가 있는 것처럼 성서시대에도 소금을 비슷한 목적으로 사용했다. 에스겔은 하나님의 사랑과 긍휼을 배반하고 우상숭배의 죄를 지어 심판에 처할 유다의 상황을 '버려진 아이'에 비유하면서 '소금'을 언급하였다. 성서시대에는 신생아가 태어나면 미생물의 번식과 상처의 감염을 막고자 소금물로 신생아를 닦아 주었기 때문이다.

네가 난 것을 말하건대 네가 날 때에 네 배꼽줄을 자르지 아니하였
고 너를 물로 씻어 정결하게 하지 아니하였고 네게 소금을 뿌리지
아니하였고 너를 강보로 싸지도 아니하였나니 _겔 16:4

여리고의 샘과 소금

여리고는 광야 중앙에 위치한 '오아시스의 도시'다. 낮은 지형적 특징
으로 인해 샘이 많기 때문이다. 그런데 엘리사는 물 근원이 좋지 못해 토
산이 익지 못하는 여리고에서 소금을 뿌려 물 근원을 깨끗게 했다.

그 성읍 사람들이 엘리사에게 말하되 우리 주인께서 보시는 바와 같
이 이 성읍의 위치는 좋으나 물이 나쁘므로 토산이 익지 못하고 떨
어지나이다 엘리사가 이르되 새 그릇에 소금을 담아 내게로 가져오
라 하매 곧 가져온지라 엘리사가 물 근원으로 나아가서 소금을 그
가운데에 던지며 이르되 여호와의 말씀이 내가 이 물을 고쳤으니 이
로부터 다시는 죽음이나 열매 맺지 못함이 없을지니라 하셨느니라
하니 _왕하 2:19-21

소금에 대한 부정적 의미들

성경에서 소금이 부정적 의미로 사용된 경우도 종종 있다. 고대에는 멸
망당한 도시에 소금을 뿌려 그곳의 생태계를 파괴하여 다시는 일어서지
못하게 했다. 몇 년 동안 비가 와서 소금 기운이 모두 씻겨 내려가야 생태
계가 겨우 회복될 수 있을 정도였다. 기드온의 아들인 아비멜렉은 가알

이 일으킨 세겜의 반란을 진압한 후 아무 것도 자라지 못하도록 세겜에 소금을 뿌렸다.

아비멜렉이 그날 종일토록 그 성을 쳐서 마침내는 점령하고 취하고 거기 있는 백성을 죽이며 그 성을 헐고 소금을 뿌리니라 _삿 9:45

소금에 대한 부정적 의미로 등장하는 또 다른 예는 불순종으로 소금 기둥이 된 롯의 아내일 것이다.

롯의 아내는 뒤를 돌아보았으므로 소금 기둥이 되었더라 _창 19:26

염해에 있는 롯의 아내 소금기둥

하나님은 왜 솔로몬을 통해
성전을 짓게 하셨을까?

성전 건축을 위한 필요충분조건

법궤를 예루살렘에 옮겨 오면서 즐거워하는 다윗

하나님의 임재를 상징하는 성전을 건축한 왕은 이스라엘 역사에서 최고의 황금기를 구가했던 솔로몬이다. 그러나 잘 알려진 대로 성전 건축을 처음 기획한 사람은 선왕 다윗이었다. 다윗은 성전 건축에 대한 자신의 열망을 선지자 나단과 나누었다.

> 왕이 선지자 나단에게 이르되 볼지어다 나는 백향목 궁에 살거늘 하나님의 궤는 휘장 가운데에 있도다 나단이 왕께 아뢰되 여호와께서 왕과 함께 계시니 마음에 있는 모든 것을 행하소서 _삼하 7:2-3

그날 밤 하나님은 나단에게 나타나셔서 성전 건축에 대한 다윗의 생각에 대해 상세하게 말씀하셨다. 그러나 여기서 하나님이 성전 건축을 위한 다윗의 아이디어를 승인하셨는가, 아닌가는 확실하게 나타나지 않는다. 성전 건축을 승인하셨다면 왜 굳이 최초의 제안자인 다윗이 아니라 그의 아들 솔로몬에 의해 성전이 건축되어야 하는지도 설명하지 않는다.

> 네 수한이 차서 네 조상들과 함께 누울 때에 내가 네 몸에서 날 씨를 네 뒤에 세워 그의 나라를 견고하게 하리라 그는 내 이름을 위하여 집을 건축할 것이요 나는 그의 나라 왕위를 영원히 견고하게 하리라
> _삼하 7:12-13

다만 힌트를 얻을 만한 말씀이 이 부분과 병행 구절을 이루는 역대상 22장에 나온다. 역대상 말씀을 보면 솔로몬이 성전을 건축했지만, 성전

건축에 필요한 모든 제반 여건은 다윗이 이미 준비해 놓았음을 알 수 있다. 다윗은 여부스 사람인 오르난으로부터 은 50세겔을 주고 타작마당을 샀고, 그곳을 성전이 세워질 장소로 예비했다. 이방인 출신의 석수들을 모아 성전 건축에 쓰일 돌을 다듬게 하고, 필요한 놋을 준비하며, 두로와 시돈에서 백향목을 충분히 수입해 놓았다.

그러나 성전 건축에 관한 한 다윗의 임무는 여기까지였다. 마지막 성전 건축의 마침표를 찍는 것은 솔로몬에게 돌아갔다. 다윗은 솔로몬을 불러 자신이 못 다한 성전 건축의 임무를 완성할 것을 유언으로 남긴다.

> 다윗이 그의 아들 솔로몬을 불러 이스라엘 하나님 여호와를 위하여 성전 건축하기를 부탁하여 다윗이 솔로몬에게 이르되 내 아들아 나는 내 하나님 여호와의 이름을 위하여 성전을 건축할 마음이 있었으나 여호와의 말씀이 내게 임하여 이르시되 너는 피를 심히 많이 흘렸고 크게 전쟁하였느니라 네가 내 앞에서 땅에 피를 많이 흘렸은즉 내 이름을 위하여 성전을 건축하지 못하리라 _대상 22:6-8

우리는 이 말씀을 읽으면서 '왜 하나님께서 다윗이 아닌 솔로몬에 의해 성전을 건축하게 하셨는가'라는 물음에 대한 답을 얻는다.

'아하! 다윗은 수많은 전쟁을 통해 피를 많이 흘린 용사라서 성전 건축이 거절된 거로구나.'

하나님이 단지 다윗이 피를 많이 흘린 용사이기 때문에 그의 성전 건축을 허락하시지 않았을까? 그러나 우리가 알아야 할 것은 성경의 어떤 구절도 다윗의 전쟁을 비난하는 곳이 없다는 점이다. 이스라엘의 초대 왕인 사울이 이스르엘 평야에서 맞선 블레셋과의 전면전에서 패망해 완전히 초토화된 상태에서 다윗은 이스라엘의 두 번째 왕이 되었다. 하나님께서 다윗에게 맡기신 시대적 역할과 소명은 이스라엘을 재건하고 부흥시키는 것이었다.

다윗이 블레셋을 연이어 격파함으로써 이스라엘은 중근동의 새로운 강자로 부상했고, 주변의 에돔, 암몬, 수리아를 차례로 정복함으로써 명실상부한 제국의 반열에 올랐다. 성경은 이 모든 전쟁이 이스라엘을 위한 정당한 전쟁이었고 여호와께서 승리를 주신 것으로 기록하고 있다(삼하 5:10).

그러면 하나님은 왜 다윗이 아닌 솔로몬을 통해 성전 건축을 허락하신 걸까? 단순히 다윗이 '피를 많이 흘린 용사'이기 때문이라고 결론을 내리기에는 석연치 않은 부분이 많다. 그렇다면 질문을 돌려 성전 건축을 위한 필요충분조건이 무엇인가부터 생각해 보자.

🏺 성전 건축자로서 다윗에게 부족했던 2%는?

'하나님의 임재'라는 측면에서 예루살렘 성전은 광야에 세워졌던 성막의 연속선상에 있다. 물론 성전은 여러 가지 면에서 성막을 능가했다. 성막은 영속적인 건물로 지어질 수 없었다. 고형의 벽이 있었던 것도 아니고, 가죽과 세마포로 지탱된 성막은 광야에서 이동 중인 백성을 위해 임시로 고안된 것이다.

그러나 광야의 유랑 생활을 마치고 약속의 땅에 들어가 정착 생활을 하면서부터 상황이 달라졌다. 이동 가능한 성막이 아니라 한 곳에 자리 잡은 건물로서 성전이 필요했던 것이다. 성전 건축에 대한 최초의 언급은 신명기에 나온다.

> 너희가 너희 하나님 여호와께서 주시는 안식과 기업에 아직은 이르지 못하였거니와 너희가 요단을 건너 너희 하나님 여호와께서 너희에게 기업으로 주시는 땅에 거하게 될 때 또는 여호와께서 너희에게 너희 주위의 모든 대적을 이기게 하시고 너희에게 안식을 주사 너희를 평안히 거주하게 하실 때에 너희는 너희의 하나님 여호와께서 자기 이름을 두시려고 택하실 그곳으로 내가 명령하는 것을 모두 가지고 갈지니 곧 너희의 번제와 너희의 희생과 너희의 십일조와 너희 손의 거제와 너희가 여호와께서 원하시는 모든 아름다운 서원물을 가져가고 _신 12:9-11

이 말씀은 성막에서 성전으로 전환되는 궁극적인 열쇠를 제시하고 있다. 이 말씀에 기초해 성전에 대한 정의를 내린다면, 성전은 '하나님께서 자기 이름을 두시려고 택한 곳'(House of God's name)이다. 그러나 이 말씀에는 성전 건축을 가능하게 해주는 국내외 상황이 언급되어 있다.

여호와께서 너희에게 너희 주위의 모든 대적을 이기게 하시고 너희

에게 안식을 주사 너희를 평안히 거주하게 하실 때에 _신 12:10

이 말씀은 국내의 정치가 안정되고 주변 국가와의 장기적인 평화가 무르익었을 때 비로소 성전이 세워질 것임을 말하고 있다.

다윗이 처음으로 성전을 짓고자 마음먹었을 때의 상황을 사무엘서는 이렇게 기록하고 있다.

여호와께서 주위의 모든 원수를 무찌르사 왕으로 궁에 평안히 살게 하신 때에 _삼하 7:1

이 말씀은 정확히 신명기 12장 10절 말씀을 떠올리게 한다. 다윗 역시 국내외의 안정과 번영, 그리고 주변 국가와의 평화 무드를 즐기면서 분명히 신명기 말씀을 떠올렸을 것이다.

약속의 땅에 들어왔지만 불순종으로 인한 정치적 불안정, 이방 국가에 복속됨, 여호와의 구원이라고 하는 사이클이 지루하게 반복되는 사사기의 3세기 동안은 성전 건축은 꿈도 꾸지 못하는 혼란기였다. 그러나 다윗 통치 후반기에 들어서며 불구대천의 원수 블레셋을 완전히 복속시키고 장기적인 평화 모드(mode)로 들어갈 수 있었다. 드디어 하나님의 이름을 만방에 선포할 '성전' 건축을 위한 시기가 무르익은 것이 아닌가! 다윗이 보기에도 그랬고 선지자 나단이 보기에도 충분히 그랬다. 그러나 하나님이 보시기에 성전 건축을 위한 필요충분조건에서 부족한 2%가 있었다.

🏺 여호와의 집, 다윗의 집

솔로몬과 비교할 때 성전 건축자로서 다윗에게 부족했던 2%는 뭘까? 그것은 여호와를 위하여 '집'을 짓고자 하는 다윗에게, 오히려 여호와께서 다윗을 위하여 '집'을 짓겠다고 하는 말씀 속에 잘 나타나 있다.

> 여호와가 또 네게 이르노니 여호와가 너를 위하여 집을 짓고 네 수한이 차서 네 조상들과 함께 누울 때에 내가 네 몸에서 날 네 씨를 네 뒤에 세워 그의 나라를 견고하게 하리라 _삼하 7:11-12

다윗이 하나님을 위해 지으려는 집은 '성전'이지만, 하나님이 다윗을 위해 지으려는 집은 '다윗 왕조'였다. 다윗의 때에 성전 건축을 위해 부족한 2%는 바로 든든한 '다윗 왕조'였던 것이다. 다윗은 자신이 이스라엘의 보위에 오른 이후로 통치가 견고해졌다고 판단했을 것이다.

실제로 다윗 왕국은 국내외 모든 면에서 전성기의 모습을 보여 주었다. 그러나 참된 안정은 다윗이 통치하는 당대를 통해서 확인되고 검증되는 것이 아니었다. 인류의 역사는 위대한 왕이 죽고 나면 반드시 치열한 헤게모니 쟁탈전으로 인해 제국이 스스로 몰락하는 위기를 맞게 됨을 반복해서 보여 주고 있다.

다윗 왕조의 안정적인 승계야말로 성전 건축을 위한 필요충분조건이었다. 결국 성전 건축은 아무리 빨라도 다윗이 조상들과 함께 자고 그의 몸에서 태어날 자식을 통해서만 가능하지 않겠는가? 성전을 짓고 싶어 하는 다윗에게 하나님은 그에게 부족한 2%를 돌려서 말씀하고 있는 것이다. 다윗이 정치적 안정은 이루었지만 영원한 안정은 왕조의 안정적인 승계를 통해서만 보장할 수 있다는 것이다. 그리고 이것은 다윗 이전의 이스라엘 역사에서는 한 번도 경험해 보지 못한 일이었다.

하나님은 성전 건축을 원하는 다윗의 요청을 꺾으신 것이 아니라, 오히려 하나님의 집(성전)을 짓고자 하는 그에게 다윗의 집(왕조)을 견고하게 세워 주시겠다는 놀라운 약속을 하신 것이다. 이러한 사실은 솔로몬의 말을 통해서도 확인된다.

> 내 아버지 다윗이 이스라엘의 하나님 여호와의 이름을 위하여 성전을 건축할 마음이 있었더니 여호와께서 내 아버지 다윗에게 이르시되 네가 내 이름을 위하여 성전을 건축할 마음이 있으니 이 마음이 네게 있는 것이 좋도다 그러나 너는 그 성전을 건축하지 못할 것이요 네 몸에서 낳을 네 아들 그가 내 이름을 위하여 성전을 건축하리라 하시더니 _왕상 8:17-19

이것은 단지 성전 건축을 위한 적임자로서 솔로몬이 합격되고 다윗이 불합격되었다는 뜻이 아니다. 새로운 왕조의 창립자인 다윗이 가장 원하던 소원이 무엇이었을까? 바로 자신이 세운 왕조의 종묘사직이 영원히 이어지는 것이 아니겠는가? 하나님은 성전을 짓고자 하는 다윗의 마음을 기특하게 받으시고 다윗이 속으로만 품고 미처 아뢰지도 않은 소원을 들어주신 것이다.

CHAPTER

25

참된 성전이란 과연 무엇일까?

솔로몬의 성전과 바벨탑

솔로몬의 성전

가나안 땅에 들어오자마자 즉시 성전이 세워지지 않은 것은 이스라엘 백성의 초기 정착 과정이 그리 순탄하지 않았음을 잘 보여 준다. 이들은 애굽에서 나온 지 480년, 즉 한 세대를 120년으로 볼 때 4세대가 지난 후에야 성전 공사를 착공했다.

> 이스라엘 자손이 애굽 땅에서 나온 지 사백팔십 년이요 솔로몬이 이스라엘 왕이 된 지 사 년 시브월 곧 둘째 달에 솔로몬이 여호와를 위하여 성전 건축하기를 시작하였더라 _왕상 6:1

그 사이의 시간은 성막에서 성전으로 전환되는 과정을 보여 준다. 그러면 광야의 '성막'과 예루살렘의 '성전'은 영적인 의미에서 볼 때 어떻게 다른 것일까?

성전: 하나님의 이름이 선포되는 곳

> 너희는 너희의 하나님 여호와께서 자기 이름을 두시려고 택하실 그 곳으로 내가 명령하는 것을 모두 가지고 갈지니 곧 너희의 번제와 너희의 희생과 너희의 십일조와 너희 손의 거제와 너희가 여호와께서 원하시는 모든 아름다운 서원물을 가져가고 _신 12:11

성경은 20회가량 성전을 '하나님의 이름이 선포되는 곳'으로 언급하고 있다. 성전과 하나님의 이름은 무슨 관련이 있는 걸까? '하나님의 이름이 선포된다'는 의미는 무엇일까? 창세기에 나오는 두 가지 드라마틱한 사건을 비교해 봄으로써 하나님의 이름이 선포되는 곳으로서 성전의 의미를 살펴보도록 하자. 하나는 사람의 이름을 드러낸 바벨탑 사건이요, 다른 하나는 하나님의 이름을 드러낸 아브라함이다.

🏺 바벨탑: 사람의 이름을 높이다

창세기 6장에 나오는 악하고 부패한 홍수 세대와는 달리 창세기 11장에 나오는 바벨탑 세대의 죄악은 잘 드러나지 않는 편이다. 이들은 그저 인류 공동의 목적을 위해 하나로 연합했을 뿐이다. 부도덕하고 형제애가 사라진 홍수 세대와는 달리, 겉으로 드러난 바벨탑 세대의 모습은 보편적인 인류애로 뭉친 인본주의자들의 이상향에 가깝다.

그러나 성경은 바벨탑 세대의 죄악을 이렇게 지적하고 있다.

또 말하되 자, 성읍과 탑을 건설하여 그 탑 꼭대기를 하늘에 닿게 하여 우리 이름을 내고 온 지면에 흩어짐을 면하자 하였더니 _창 11:4

이들의 연합은 '사람'의 이름을 높이려는 불경건한 연합이었다. 이들이 쌓은 바벨탑은 나무와 돌과 같은 자연적인 건축 자재가 아니라 벽돌과 역청이었다.

서로 말하되 자, 벽돌을 만들어 견고히 굽자 하고 이에 벽돌로 돌을
대신하며 역청으로 진흙을 대신하고 _창 11:3

이들은 하나님과 무관한 고도의 인류 문명을 창출했다. 개인적인 유익을 버리고 자체적인 윤리와 도덕, 인류애와 형제애를 최고의 가치로 외치면서 하나로 뭉쳤다. 그러나 사람의 이름과 영광뿐인 이들의 문명은 하나님이 흩어 버리심으로 가장 비극적인 종말을 초래하고 말았다.

여호와께서 거기서 그들을 온 지면에 흩으셨으므로 그들이 그 도시
를 건설하기를 그쳤더라 _창 11:8

🏺 아브라함: 하나님의 이름을 높이다

바벨탑의 폐허 속에서 시작하는 아브라함의 이야기는 성경에서 가장 드라마틱한 반전을 보여 준다. 바벨탑 세대의 실패 속에서 등장한 아브라함의 위대성은 '하나님의 이름'을 세 번 부른 데서 잘 나타난다. 아브라함은 부르심을 받고 가나안 땅에 도착한 후에(창 12:8), 애굽에서 부자로 돌아온 후에(창 13:4), 그리고 아비멜렉과 조약을 맺은 후에(창 21:33) 하나님의 이름을 불렀다.

거기서 벧엘 동쪽 산으로 옮겨 장막을 치니 서쪽은 벧엘이요 동쪽은

아이라 그가 그곳에서 여호와께 제단을 쌓고 여호와의 이름을 부르더니 _창 12:8

그가 처음으로 제단을 쌓은 곳이라 그가 거기서 여호와의 이름을 불렀더라 _창 13:4

아브라함은 브엘세바에 에셀 나무를 심고 거기서 영원하신 여호와의 이름을 불렀으며 _창 21:33

랍비 나흐마니데스(Nachmanides)는 '하나님의 이름을 불렀다'는 말씀에 대한 주석을 이렇게 달고 있다.

제단에서 큰 소리로 하나님의 이름을 부르고 모든 인류에게 그분의 주권을 선포했다.

그런 면에서 하나님의 이름을 부른 아브라함과 자신의 이름을 드러내고자 했던 바벨탑 세대는 극명한 대조를 보여 준다.
유대인 성서 주석인 〈미드라쉬〉는 바벨탑 세대가 아브라함에게 바벨탑의 망대 쌓는 것을 도와달라고 요청하자 아브라함이 잠언 18장 10절 말씀을 인용하며 단호하게 거절했다고 한다.

여호와의 이름은 견고한 망대라 의인은 그리로 달려가서 안전함을 아브라함은 창조주 하나님의 이름만이 견고한 망대로 세워지고 높임받을 수 있음을 잘 알았던 것이다.

성전은 창조주 하나님의 이름이 선포되는 집이다. 사람의 이름을 드러내려던 바벨탑 세대를 철저하게 흩어 버림과 동시에 하나님은 자신의 이름이 선포되는 성전을 건축하기 위한 장기적인 계획 가운데 아브라함을 부르셨다. 가는 곳마다 하나님의 이름을 부르며 제단을 쌓은 아브라함의 삶은 성전 건축을 위한 모퉁이돌(corner stone)이 되기에 충분했다.

그러나 아브라함이 아무리 훌륭해도 개인은 힘이 없다. 하나님은 아브라함의 후손을 통해 한 민족 이스라엘을 이루시고, 이스라엘 민족을 통해 하나님의 이름이 더 파워풀하게 선포되기를 원하셨다. 이런 면에서 아브라함과 더 나아가 이스라엘 민족의 목적과 소명은 '하나님의 이름을 만방에 드러내고 선포하는 것'이다.

솔로몬 시대: 하나님의 이름을 열방에 떨치다

하나님의 이름과 연결지어서 성전을 생각할 때, 성전이 왜 솔로몬 시대에 건축될 수밖에 없었는가에 대한 시대적 배경을 이해할 수 있다. 성전이 건축된 초기 솔로몬 시대는 이스라엘 왕국의 역사에서 최고의 절정을 보이던 때였다.

열왕기상 6-8장은 성전 건축을 상세하게 다루고 있다. 그러나 성전 건축을 전후로 한 3-5장과 9-10장은 성전 건축을 위한 모든 선결 조건들이 솔로몬의 때에 이루어지고 완벽하게 무르익었음을 묘사하고 있다.

첫째, 다윗 때에 부족했던 2%인 왕조의 평화적 계승이 마무리되었다. 솔로몬의 즉위 과정은 그리 순탄하지 않았다. 솔로몬이 다윗의 장남이 아니고 네 번째 아들이었기 때문이다. 장남인 암논은 이복동생인 다말을 범하는 근친상간의 죄악을 저질렀고, 결국 다말의 친오빠인 압살롬에 의해 바알하솔에서 암살당했다.

차남인 압살롬 역시 다말의 일을 매끄럽게 처리해 주지 못한 아버지 다윗에게 쓴뿌리를 품고 헤브론에서 역모를 일으켰다가 요압 장군에게 죽임을 당했다. 삼남인 아도니야도 요압 장군, 아비아달 제사장 등의 실세를 등에 업고 반역을 꾀했다가 솔로몬을 지지한 나단 선지자와 사독 제사장, 그리고 용병 출신의 브나야 장군에게 제압당해 무릎을 꿇어야 했다.

이처럼 솔로몬이 왕이 되기 전, 손에 땀을 쥐게 하는 권력의 최고봉을 향한 헤게모니 쟁탈전이 몇 차례 있었으나, 모두 평정된 뒤 드디어 다윗의 뒤를 이어 솔로몬이 이스라엘의 3대 왕으로 즉위한 것이다. 이스라엘 역사에서 최초로 일어난 왕조 계승 사건은 멀리 두로의 히람 왕에게까지 알려졌다.

둘째, 주변 이웃 국가들과 장기적인 평화 모드에 들어갔다. 다윗은 블레셋과의 전면전에서 이스라엘의 초대 왕인 사울과 그의 세 아들이 모두 전사함으로써 완전히 패망한 이스라엘을 접수했다. 다윗 집권 초기의

7년은 남쪽 구석에 있는 헤브론을 다스리며 변방의 블레셋 속국으로 만족해야 했다. 그러나 다윗은 절치부심하며 때를 기다렸고 내부적인 힘과 내공을 키웠다. 결국 이스라엘 땅의 중앙에 위치한 여부스 성을 점령해 다윗 성이라 이름 짓고 이스라엘의 새로운 수도로 선포함으로써, 다윗은 감히 맞설 수 없는 블레셋 제국의 손아귀에서 벗어나려는 위험천만한 시도를 했다. 이후 블레셋의 연이은 침입을 격퇴하고 주변국인 암몬, 에돔, 아람, 수리아 등을 차례로 격파하면서 다윗이 통치하는 이스라엘은 중근동의 새로운 강자로 부상했다.

국가 이스라엘을 세우기 위한 '여호와의 전쟁'으로 주변국과 전쟁이 끊이지 않았던 다윗 때와 달리, 솔로몬 정권은 주변국을 조공 국가로 삼으며 장기적인 평화로 들어갔다. 이는 솔로몬의 말을 통해서도 잘 드러난다.

> 당신도 알거니와 내 아버지 다윗이 사방의 전쟁으로 말미암아 그의 하나님 여호와의 이름을 위하여 성전을 건축하지 못하고 여호와께서 그의 원수들을 그의 발바닥 밑에 두시기를 기다렸나이다 이제 내 하나님 여호와께서 내게 사방의 태평을 주시매 대적도 없고 재앙도 없도다 _왕상 5:3-4

셋째, 솔로몬 제국의 부귀와 영화가 주변의 이웃 국가들에 널리 알려졌다. 솔로몬 시대는 단지 주변국과의 전쟁이 그쳐 평화로웠던 것뿐만 아니라 솔로몬의 지혜와 막강한 군사력, 그리고 번창하는 경제력이 주변

국가에 입소문을 통해 퍼져 나갔다. 솔로몬 왕국에 대한 소문은 멀리 아라비아 반도의 서남쪽에 자리 잡은 스바 여왕에게까지 이르렀다.

> 스바의 여왕이 여호와의 이름으로 말미암은 솔로몬의 명성을 듣고
> 와서 어려운 문제로 그를 시험하고자 하여 _왕상 10:1

솔로몬 제국의 막강한 군사력은 애굽(이집트)의 바로가 자신의 딸을 솔로몬의 아내로 내어준 데서 극명하게 드러난다.

> 솔로몬이 애굽 왕 바로와 더불어 혼인 관계를 맺어 그의 딸을 맞이
> 하고 다윗 성에 데려다가 두고 _왕상 3:1

이 말씀은 그냥 흘려 읽기 쉽지만, 사실 이집트의 바로가 자신의 딸을 이스라엘 왕에게 아내로 주었다는 것은 놀라운 카타르시스를 느끼게 해 주는 말씀이다. 고대 이스라엘은 수세기 동안 최강대국인 이집트에 속한 변방에 불과했다. 서구 문명의 모태가 된 그리스 문명은 지중해의 크레타 섬에서 시작된 미케네 문명을 그 시발점으로 한다. 그런데 이런 미케네 문명은 그보다 훨씬 앞선 이집트 문명을 모방해서 만들어진 것이다.

서구 문명의 실제적인 모태가 된 고대의 찬란한 이집트 제국의 바로가 자신의 딸을 솔로몬에게 바치고 일종의 평화 조약을 맺은 것이다. 물론 솔로몬 당시 이집트의 상황이 전성기를 지나서 쇠락하는 과정이었다고 는 하지만, '썩어도 준치'라는 말이 있지 않은가? 이런 일은 이전에 근동

아시아의 미탄니 제국이나 히타이트 제국과 장기적인 전쟁을 벌이며 국가 위기 상황에 빠졌을 때도 일어나지 않았던, 이집트 역사에서 보면 매우 굴욕적인 모습이 아닐 수 없다. 이는 마치 중국의 당나라 황제가 자신의 딸을 고구려의 왕에게 아내로(실제로는 볼모로) 보내는 상황에 비유할 수 있다. 중국에게 한반도는 변방에 불과했듯이, 이집트에게 이스라엘은 변방의 속국에 불과했던 것이다. 중근동의 새로운 패권 국가로 부상한 솔로몬 제국의 막강한 위용이 느껴지는가?

솔로몬은 이집트 바로의 딸에게 그에 맞는 예우를 해주며 외교적인 지혜를 보여 주었다. 수많은 후궁들과 달리 바로의 딸을 위해 별궁을 지어 준 것이다.

> 솔로몬이 거처할 왕궁은 그 주랑 뒤 다른 뜰에 있으니 그 양식이 동일하며 솔로몬이 또 그가 장가 든 바로의 딸을 위하여 집을 지었는데 이 주랑과 같더라 _왕상 7:8

이를 볼 때 솔로몬 시대의 평화는 단순히 군사력과 경제력에 기초한 것이 아니었음을 알 수 있다. 하나님이 솔로몬에게 주신 신적인 지혜가 주변 열강에 알려졌고, 하나님의 지혜로 통치되는 이스라엘 왕국의 감히 범접할 수 없는 기운에 압도된 특별한 평화였던 것이다.

솔로몬 성전은 이처럼 든든한 왕조의 성립, 주변 이웃 국가와 장기간의 평화, 더 나아가 열방에 하나님의 이름이 드러나며 이방인의 입을 통해서 하나님의 이름이 찬송되는 영적으로 최고의 클라이맥스에 오른 상황에서 세워졌다. 그런 면에서 두로의 히람 왕과 스바 여왕의 입에서 선포되며 찬양받는 여호와의 이름은, 바로 '하나님의 이름이 선포되는 곳'으로서 성전의 정체성을 잘 보여 주고 있다.

> 히람이 솔로몬의 말을 듣고 크게 기뻐하여 이르되 오늘 여호와를 찬양할지로다 그가 다윗에게 지혜로운 아들을 주사 그 많은 백성을 다스리게 하셨도다 하고 _왕상 5:7

> 스바 여왕이…… 왕께 말하되…… 당신의 하나님 여호와를 송축할지로다 여호와께서 당신을 기뻐하사 이스라엘 왕위에 올리셨고 여호와께서 영영히 이스라엘을 사랑하시므로 당신을 세워 왕으로 삼아 정의와 공의를 행하게 하셨도다 하고 _왕상 10:4-9

🏺 바벨탑 세대와 종말에 이루어질 비전

사람의 이름을 세우려다가 실패한 바벨탑 세대의 잿더미 속에서 하나님의 이름을 부르며 시작된 아브라함의 삶은 솔로몬 때에 이르러 성전이 건축됨으로써 최고의 절정에 이르렀다. 솔로몬 성전은 하나님의 이름을 선포하는 곳으로서 열방 위에 우뚝 섰고, 열방은 그러한 하나님의 이름에 압도되어 예루살렘으로 몰려들었다.

이러한 모습은 이사야가 노래한 종말론적 비전을 떠올리게 한다.

아모스의 아들 이사야가 받은 바 유다와 예루살렘에 관한 말씀이
라 말일에 여호와의 전의 산이 모든 산 꼭대기에 굳게 설 것이요 모
든 작은 산 위에 뛰어나리니 만방이 그리로 모여들 것이라 많은 백
성이 가며 이르기를 오라 우리가 여호와의 산에 오르며 야곱의 하나
님의 전에 이르자 그가 그의 길을 우리에게 가르치실 것이라 우리가
그 길로 행하리라 하리니 이는 율법이 시온에서부터 나올 것이요 여
호와의 말씀이 예루살렘에서부터 나올 것임이니라 _사 2:1-3

이사야가 묘사한 종말론적 모습은 바벨탑 세대와 비슷하면서도 완벽
한 대조를 보여 준다. 바벨탑 세대 사람들이 스스로 쌓은 탑을 중심으로
몰려들었던 것처럼, 하나님이 사방으로 흩으신 열방은 마지막 때에 성전
이 있는 예루살렘을 중심으로 다시 모일 것이다. 모이는 모습은 똑같지
만 모이는 동기는 다르다. 이전에는 자기의 이름을 드러내고자 모였지만
그날에는 하나님의 이름을 드러내고 찬양하고자 모이는 것이다.

바벨탑 세대에는 사람들이 바벨탑이 세워진 시날 평지에 모였던 것과
달리 그날에는 성전이 있는 예루살렘 산지로 모여들 것이다. '평지'는 인
류 문명을 위한 영역이지만, '산지'는 하나님의 이름을 드러내는 영역이
다. 그곳에서 하나님이 흩으셨던 언어가 하나로 회복되어 열방은 같은
언어로 여호와 하나님을 찬양할 것이다.

CHAPTER

26

성막과 성전은 어떻게 다를까?

성막에서 성전으로

🏺 성막: 시내 산 계약이 반복적으로 선포되는 곳

출애굽과 시내 산 계약

이스라엘 민족의 조상인 아브라함으로 시작되는 이스라엘 역사에서 출애굽 사건과 시내 산 계약은 특별한 의미가 있다. 이스라엘이 민족적이고 국가적인 정체성을 형성하는 데 가장 큰 이정표가 된 사건이기 때문이다. 유대인들은 출애굽 사건을 기억하고자 매일 두 번씩 쉐마 이스라엘(שמע ישראל, 들으라 이스라엘)을 읽으며 기도한다.

> 이스라엘아 들으라 우리 하나님 여호와는 오직 유일한 여호와이시니 너는 마음을 다하고 뜻을 다하고 힘을 다하여 네 하나님 여호와를 사랑하라 _신 6:4-5

출애굽 사건을 기념하는 가장 성대한 절기인 유월절이 있고, 많은 계명들이 출애굽과 관련된 기억을 그 목적으로 하고 있다. 반면 애굽에서 나온 이후 시내 산에서 집단적으로 경험한 하나님, 그리고 그 하나님과 이스라엘 민족이 맺은 '시내 산 계약'에 대해서는 이후로 특별한 언급이 없다. 과연 출애굽 사건에 비해서 시내 산 계약이 이스라엘 전체 역사에서 볼 때 그다지 의미가 없는 것일까?

하나님은 이스라엘을 애굽에서 꺼내신 후에 시내 산으로 인도하셨다. 그곳은 광야에서 양을 치던 모세에게 하나님이 나타나셨던 거룩한 산이다. 시내 산에서 모세에게 '개인적으로' 나타나신 하나님은, 모세를 통해 이스라엘 민족을 이끌어 오신 후에 동일한 장소에서 이스라엘 민족에게 '집단적으로' 자신을 계시하셨다. 그리고 시내 산에서 이스라엘 민족의 법적인 강령이 될 '율법'을 주셨다. 율법을 통해 하나님과 이스라엘은 계약의 당사자가 되어 계약을 조인하였다. 이스라엘은 율법 준수를 약속했고 하나님은 율법을 준수할 때 이스라엘을 거룩한 백성, 제사장 나라로 만들겠다고 하신 것이다. 시내 산 계약은 화목제를 드리고 함께 먹음으로써 추인되었다.

> 이스라엘 자손의 청년들을 보내어 번제와 소로 화목제를 여호와께 드리게 하고 _출 24:5

> 하나님이 이스라엘 자손들의 존귀한 자들에게 손을 대지 아니하셨고 그들은 하나님을 뵙고 먹고 마셨더라 _출 24:11

시내 산 계약은 이스라엘 백성이 하나님의 '거룩한 백성'으로 불리며 하나님과 떼려야 뗄 수 없는 관계가 형성된 기념비적인 사건이다. 시내 산 계약은 이스라엘 역사에서 유월절을 통해 매년 기념하는 출애굽 사건과 비교할 때 결코 영적인 중요성이 떨어지는 사건이 아니다. 그런데 왜 성경은 시내 산 계약을 기념하라는 말씀이 없으며, 이스라엘에는 이를 위해 특별히 제정된 절기가 없는 걸까?

이는 시내 산 계약이 시간과 역사를 초월하는 사건으로서 이스라엘 역사 속에 늘 기억되도록 하기 위함이다. 그러면 기념식도 특별한 기념일도 없이 어떻게 시내 산 계약을 기억할 수 있을까? 여기에 바로 성막의 정체성이 드러난다. 하나님은 성막을 통해서 시내 산 계약이 늘 기억되고 갱신되도록 하신 것이다.

🏺 시내 산 계약과 성막

성막은 시내 산 계약이 기억되고 갱신되는 장소다. 출애굽기의 마지막 17개의 장(chapter)인 24-40장은 시내 산 계약에서 성막이 차지하는 역할이 무엇인지를 잘 보여 준다. 19장에서 이스라엘 민족은 시내 산에 도착해 하나님을 집단적으로 경험한다. 이스라엘 민족을 시내 산으로 인도하신 하나님의 목적은 율법을 통해 이스라엘과 계약을 맺기 위함이었다. 그 계약의 최종 목적은 이스라엘을 제사장 나라요 거룩한 백성으로 만드는 것이었다.

> 내가 애굽 사람에게 어떻게 행하였음과 내가 어떻게 독수리 날개로 너희를 업어 내게로 인도하였음을 너희가 보았느니라 세계가 다 내게 속하였나니 너희가 내 말을 잘 듣고 내 언약을 지키면 너희는 모든 민족 중에서 내 소유가 되겠고 너희가 내게 대하여 제사장 나라가 되며 거룩한 백성이 되리라 너는 이 말을 이스라엘 자손에게 전할지니라 _출 19:4-6

율법을 받으러 시내 산에 올라가는 모세

구체적인 율법 조항을 받으러 시내 산에 올라간 모세는 십계명과 기타 율법 조항들을 받고 내려온다. 20-23장은 세세한 율법 조항을 언급하고 있으며, 24장은 모세가 받고 내려온 율법 조항에 대해 이스라엘 백성이 순종으로 서약하며 계약이 성사되는 과정을 다루고 있다. 시내 산 계약은 화목제를 드리고 함께 먹고 마심으로 추인되었다.

이러한 시내 산 계약에 곧이어 등장하는 것이 '성막'이다. 모세는 다시 시내 산에 올라가 40일을 거하면서 성막과 그 안에 있는 기명들과 제사장 제도에 대해 계시받는다. 25-31장은 이 부분을 다루고 있다. 그러나 모세가 한창 성막과 관련된 계시를 받는 그 시각에 시내 산 아래서는 전혀 예기치 않은 문제가 발생했다. 모세를 기다리다 지친 백성이 금송아지 우상을 만들어 제사를 지냄으로써 시내 산 계약을 파기한 것이다.

32-34장은 금송아지 사건으로 인해 자칫 깨어질 위기에 놓인 시내 산 계약이 모세의 중보기도를 통해 다시 갱신되는 과정을 다루고 있다. 계약이 갱신되면서 모세는 성막과 관련된 계시들을 백성과 나누고, 회개한 백성은 신실하게 성막 건축에 자원하여 동참한다. 35-40장에서 이 과정이 다뤄지고 있으며, 출애굽기는 이렇게 성막 봉헌을 통해 끝이 난다.

언급한 출애굽기의 사건을 요약하면 이렇다. 시내 산에 도착한 이스라엘 백성에게 율법이 주어졌다. 이 율법을 통해 하나님과 이스라엘 백성은 시내 산 계약으로 불리는 '계약'을 맺었다. 이 계약을 잘 지키면 이스라엘 민족은 거룩한 나라, 제사장 백성이 될 수 있다. 그러나 하나님은 연약한 이스라엘 백성이 계약을 제대로 지키지 못할 것을 잘 아셨다. 그래서 주신 것이 성막이다. 하나님은 계약이 파기될 경우를 대비해서 성막을 주셨고, 그곳에서 시내 산 계약이 다시금 갱신될 수 있도록 허락하셨다.

이는 성막이 시내 산 계약의 절정임을 암시한다. 금송아지 사건은 단지 성막 건축을 지체시켰을 뿐이다.

출 20-23장	모세가 시내 산에서 율법을 받다
출 24장	모세가 율법을 공표하고, 이스라엘 백성과 하나님 사이에 계약이 맺어지다
출 25-31장	모세가 시내 산에서 성막에 대한 계시를 받다
출 32-34장	금송아지 사건으로 성막 계시가 잠시 중단되다
출 35-40장	성막이 봉헌되며 시내 산 계약이 완성되다

성막과 성전의 차이

특수주의와 보편주의

성막은 시내 산 계약을 영속적으로 기억하고 지속하는 장소로서 하나님과 이스라엘의 특별한 관계를 상징한다. 하나님이 유일하게 이스라엘 민족에게만 계시되고, 또한 이스라엘만이 하나님을 섬기는 곳이다. 그런 면에서 성막은 하나님과 이스라엘의 친밀함을 상징하는 곳이다.

성전에도 성막과 비슷한 의미가 포함되어 있다. 그러나 성전에는 성막에 없는 추가적인 의미가 있다. 그것은 성전 건축이 이스라엘과 하나님과의 특별한 관계가 열방에 의해서 확인되고 존중되었을 때 세워졌다는 것이다. 성전에서는 이스라엘뿐만 아니라 열방도 예배를 드리는 것이 허락된다. 이사야의 비전처럼 모든 인류가 하나님을 예배하는 장소가 성전이다. 그런 면에서 성막은 '특수주의'를, 성전은 '보편주의'를 상징한다고 볼 수 있다.

법궤 위의 그룹과 채의 변화

하나님과 이스라엘의 계약은 정적(static)이 아니라 동적(dynamic)인 관계다. 호세아 선지자가 하나님과 이스라엘의 관계를 '부부 관계'로 묘사한 것과 비슷하다. 부부 관계는 결혼식을 통해 성립되지만 이후로는 때로 끈끈했다가 때로 느슨했다가를 반복하지 않는가?

성막에서 성전으로의 변화는 이러한 관계가 끈끈해지는 과정을 잘 보여 준다. 성전과 성막의 대조적인 구조는 하나님과 이스라엘 사이에 맺어진 시내 산 계약의 동적인 특성을 잘 보여 준다. 성막은 가나안 땅에 들어와서도 한동안 원래의 형태인 텐트(אהל, 오헬)를 유지했다. 반면 성전은 성막보다 규모 면에서 3배나 커졌으며, 돌과 지붕과 벽으로 지어진 집(בית, 바이트)이었다.

광야에서 아직 사회적, 영적인 질서가 잡히기 전에 일시적인 형태로 주어진 것이 성막이었다면, 성전은 약속의 땅에서 하나님의 공의로 이루어진 완벽한 사회를 만든 후에 세워졌다. 몸은 가나안 땅에 들어왔지만 극심한 혼란기였던 사사시대에 성전 건축을 꿈도 꿀 수 없었던 것도 이 때문이었다.

성막에서 성전으로 발전하면서 하나님과 이스라엘의 계약 관계가 끈끈해지는 과정은 법궤 위에 있는 '그룹'의 모양에서도 잘 나타난다. 성막 시대에는 하나님을 '그룹 위에 계신 분'으로 묘사하고 있다.

이에 내가 보니 그룹들 머리 위 궁창에 남보석 같은 것이 나타나는데 그들 위에 보좌의 형상이 있는 것 같더라 _겔 10:1

지성소 내부의 모습. 지성소 바닥에 안착한 그룹의 모습이 법궤의 양쪽에 보인다

그러나 성전에서는 법궤 위에 있는 그룹에 대한 묘사가 없다. 솔로몬
은 두 개의 거대한 그룹을 지성소 바닥 위에 세웠다. 이러한 그룹의 위치
변화는 시내 산 계약의 과도기에는 그룹이 법궤 위에 붕 떠 있지만, 계약
의 완성기에는 그룹이 지성소 바닥에 안착해 뿌리를 내린 모습을 보여
준다.

내소 안에 감람나무로 두 그룹을 만들었는데 그 높이가 각각 십 규

빗이라 한 그룹의 이쪽 날개도 다섯 규빗이요 저쪽 날개도 다섯 규빗이니 이쪽 날개 끝으로부터 저쪽 날개 끝까지 십 규빗이며 다른 그룹도 십 규빗이니 그 두 그룹은 같은 크기와 같은 모양이요 이 그룹의 높이가 십 규빗이요 저 그룹도 같았더라 솔로몬이 내소 가운데에 그룹을 두었으니 그룹들의 날개가 펴져 있는데 이쪽 그룹의 날개는 이쪽 벽에 닿았고 저쪽 그룹의 날개는 저쪽 벽에 닿았으며 두 날개는 성전의 중앙에서 서로 닿았더라 그가 금으로 그룹을 입혔더라 _왕상 6:23-28

그룹뿐만 아니라 법궤 양쪽에 있는 채(pole)의 위치 변화도 이러한 상징을 보여 준다. 채는 법궤를 이동할 때를 위한 것으로서 성막 시대에는 채를 법궤의 고리에 늘 끼워 두고 빼내면 안 되었다.

채를 궤의 고리에 꿴 대로 두고 빼내지 말지며 _출 25:15

성전이 세워지면서 채는 법궤 앞으로 옮겨졌는데, 이는 법궤가 더 이상 옮겨다닐 필요가 없음을 보여 준다.

채가 길므로 채 끝이 내소 앞 성소에서 보이나 밖에서는 보이지 아니하며 그 채는 오늘까지 그곳에 있으며 _왕상 8:8

참된 안식을 향하여……

성막에서 성전으로의 변화는 '완성과 성취'의 과정을 잘 보여 준다. 완성과 성취의 최종적 상태를 출애굽기 20장 11절은 '안식'(מנוחה, 메누하)으로 정의하였다.

> 이는 엿새 동안에 나 여호와가 하늘과 땅과 바다와 그 가운데 모든 것을 만들고 일곱째 날에 쉬었음이라 그러므로 나 여호와가 안식일을 복되게 하여 그날을 거룩하게 하였느니라 _출 20:11

이스라엘과 하나님 사이에 맺어진 시내 산 계약의 완성을 의미하는 성전, 그리고 그 성전과 관련된 말씀에서 가장 핵심적인 개념이 '안식'임을 알 수 있다. 안식과 평안은 성전 건축의 전제 조건을 다룬 신명기 12장 10절에도 나온다.

> 너희가 요단을 건너 너희 하나님 여호와께서 너희에게 기업으로 주시는 땅에 거주하게 될 때 또는 여호와께서 너희에게 너희 주위의 모든 대적을 이기게 하시고 너희에게 안식을 주사 너희를 평안히 거주하게 하실 때에 _신 12:10

이것은 사방의 적대국으로부터 안식을 얻는 정치적인 안정을 말한다. 다윗 시대에는 하나님의 도우심으로 주변의 강대국들을 힘으로 제압해서 안식과 평안을 얻은 듯했지만, 이는 아직 검증되지 않은 '일시적인' 안식이었다.

20년 동안 기럇여아림에 있던 법궤를 예루살렘으로 옮기면서 다윗은 성전 건축에 대한 자신의 소망을 담아 이렇게 말했다.

여호와여 일어나사 주의 권능의 궤와 함께 평안한 곳으로 들어가소 서 _시 132:8

다윗의 눈에는 안식(메누하)의 때가 무르익은 것 같았지만 하나님의 반응은 달랐다. 이러한 안식이 다윗의 뒤를 이은 솔로몬 때까지 이어져야만 진정한 안식으로 불릴 수 있기 때문이다. 성전 건축과 관련해서 솔로몬은 '평강의 사람'(איש מנוחה, 이쉬 메누하)으로 불렸다.

다윗이 그의 아들 솔로몬을 불러 이스라엘 하나님 여호와를 위하여 성전을 건축하기를 부탁하여 다윗이 솔로몬에게 이르되 내 아들아 나는 내 하나님 여호와의 이름을 위하여 성전을 건축할 마음이 있었으나 여호와의 말씀이 내게 임하여 이르시되 너는 피를 심히 많이 흘렸고 크게 전쟁하였느니라 네가 내 앞에서 땅에 피를 많이 흘렸은즉 내 이름을 위하여 성전을 건축하지 못하리라 보라 한 아들이 네게서 나리니 그는 온순한 사람(평강의 사람, 개역한글)이라 내가 그로 주변 모든 대적에게서 평온을 얻게 하리라 그의 이름을 솔로몬이라 하리니 이는 내가 그의 생전에 평안과 안일함을 이스라엘에게 줄 것임이니라 _대상 22:6-9

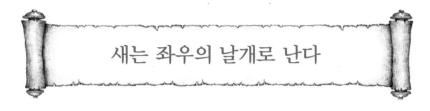

새는 좌우의 날개로 난다

미국 뉴저지에서 광야를 주제로 세미나를 할 때였다. 요즘 미국에서 한창 뜨고 계신 한 목사님에 대해서 들었는데, 그 목사님이 오시면 그 도시에 기본적으로 천 명 이상의 성도들이 모인다고 했다. 일종의 부흥회, 성령집회인데, 그분이 안수하면 뒤로 넘어가는 수준이 아니라 완전히 뒤로 나가떨어진다고 했다. 이 정도면 성령의 검이 아니라 거의 성령의 '장풍'이라 불러도 좋을 것이다.

집회에 참석하신 목사님은 그동안 많은 성령집회를 다녀 봤지만 이토록 강력한 기름 부으심은 처음 보았다고 했다.

나도 기회가 되면 그 목사님의 집회에 참석하고 싶다는 바람을 안고 LA로 향하는 비행기에 올랐다. LA의 한 식당에서 식사를 하고 있는데 한 분이 열심히 전단지를 돌리고 있었다. 처음에는 광고지인 줄 알았는데 그게 아니었다. 내용인즉슨, 요즘 유행하는 방언, 성령집회가 비성경적이며 마귀에게서 비롯된 것이니 뭇 성도들은 절대 현혹되지 말라는 내용이었다. 원하는 사람에게는 관련된 DVD 자료 등을 무료로 발송해 준다고도 씌어 있었다.

불과 며칠 사이에 동일한 현상을 두고 정반대의 입장에 서 있는 그리스도인들을 보면서 나는 많은 생각에 잠겼다.

교회사를 통해 볼 때 시대마다 독특한 키워드가 있는데, 초대교회는 '삼위일체', 중세 교회는 '이성과 계시', 근대 교회는 '구원의 확신' 등이 그것이다. 현대 교회의 키워드는 '성령'이고, 모두가 인정하듯이 우리는 '성령의 시대'에 살고 있다.

현대 교회의 키워드를 '성령'이라 하는 데는, 성령에 대한 뜨겁고도 열띤 갑론을박이 벌어지고 있기 때문이다. 어느 분은 방언이 '하늘의 언어'라고 주장하고, 또 어느 분은 '방언이 하늘의 언어가 아니다'라고 주장한다. 성령, 치유, 기름 부으심, 하나님의 임재, 예배 드림, 하나님의 음성 듣기가 이 시대 교회의 코드임은 이런 주제들의 책들이 기독교 베스트셀러를 휩쓸고 있는 데서도 확인된다.

이러한 논쟁에 가담하기에 앞서서 우리가 인정해야 할 것은 양측이 모두 적군이 아닌 아군이라는 사실이다. 그들은 모두 예수 안의 한 형제요 지체들이다. 신앙의 색깔이 다르고 체험이 다르다고 해서 상대를 '비성경적', '이단', '마귀적'이라며 극단적으로 몰아붙이는 것은 그다지 건강해 보이지 않는다. 마귀가 가장 좋아하는 것이 바로 아군인 우리들끼리 피터지게 싸우는 것이 아니던가!

하지만 우리의 죄악된 본성은 끼리끼리 당 짓기를 좋아한다. 상대를 포용하고 아우르기보다 정죄하고 단정해 버리기를 좋아한다. 전직 대통령의 서거 이후, 한국 사회에 부는 좌파와 우파 논쟁도 결국 동일한 현상일 것이다. 분명 예수 믿는 우리들은 달라야 하는데, 그렇지 않은 모습을 보면서 마음이 무거울 때가 많다.

대학생 때 감명 깊게 읽은 책 가운데 당시 운동권 학생들의 대부인 이 영희 교수님이 쓰신 『새는 좌우의 날개로 난다』란 책이 있다. 하나님은 우리를 극단적인 좌파, 또는 우파의 그리스도인으로 부르지 않으셨다. 좌로나 우로나 치우치지 않는 건강한 그리스도인으로 부르신 것이다.

> 오직 강하고 극히 담대하여 나의 종 모세가 네게 명령한 그 율법을
> 다 지켜 행하고 우로나 좌로나 치우치지 말라 그리하면 어디로 가든
> 지 형통하리니 _수 1:7

하나님의 임재를 상징하는 '성전 이야기'를 준비하면서 요사이 불고 있는 성령의 바람과 이에 대한 다양한 논쟁들이 늘 마음에서 떠나지 않았다. 예루살렘에 살면서, 그리고 날마다 유대인들과 접하면서, 이 땅에 필요한 것이 그러한 성령의 기름 부으심이라는 사실을 절실하게 느낀다.

2000년 전 오순절에 소낙비처럼 임했던 성령 세례로 인해 예루살렘에서 초대교회가 탄생했다. 부흥의 열기는 전 세계를 휩쓸었고, 이제는 그 뿌리요 모태였던 예루살렘으로 향하고 있다.

모든 책이 그렇지만 특히 '성전 이야기' 원고를 쓰면서 개인적으로 많은 공부를 했던 것 같다. 열 번 배운 내용보다 한 번 가르친 내용이 훨씬 내 것으로 소화하는 데 도움이 된다. 식물, 광야에 이어서 성전을 주제로

책을 쓰고, 세미나를 인도하면서 공부한 내용들이 나의 것으로 소화되는 것에 늘 감사하다.

늘 새로운 주제를 키워드로 잡고 성경의 감추어진 비밀들을 캐내는 작업과 그로 인한 기쁨은, 날마다 새로운 태양을 맞으며 일어나는 나의 삶에 시동을 걸어 주는 강력한 엔진이 되었다.

오늘도 그런 기쁨과 희열, 감동이 넘치는 하루가 되었으면 좋겠다.

참고문헌

Ariel, Israel & Richman, Chaim. *Carta's Illustrated Encyclopedia of the Holy Temple in JERUSALEM*, Jerusalem: Carta, 2005.

Ben-Dov, Meir. *Carta's Illustrated History of Jerusalem*, Jerusalem: Carta, 2002.

Edersheim, Alfred. *The Temple, It's Ministry and Services*, Jerusalem: Hendrickson Publishers, 2006.

Ritmeyer, Leen. *The Quest, Revealing the Temple Mount in Jerusalem*, Jerusalem: Carta, 2006.

Berman, Joshua. *The Temple, Its Symbolism and Meaning Then and Now*, Northvale: Jason Aronson Inc, 1995.

Garrard, Alec. *The Splendor of the Temple,* Singapore: Moat Farm Publication, 1997.

Kitov, Eliyahu. *The book of Our Heritage,* Jerusalem: Feldheim Publishers, 1997.

Fleming, James W. *The Context of Holy Week,* Jerusalem: Biblical Resources, 1998.

270 열린다 성경 _성전 이야기

Fleming, James W. *The Gospels and the Feast of the Land,* Jerusalem: Biblical Resources, 1999.

Fleming, James W. *The Last Supper,* Jerusalem: Biblical Resources, 2002.

Cantrell, Ron. *The Feasts of the Lord,* Jerusalem: Art Plus, 1999.

Pixner, Bargil. *With Jesus in Jerusalem,* Jerusalem: Corazin, 2005.

Pixner, Bargil. *With Jesus through Galilee according to fifth Gospel,* Jerusalem: Corazin, 2005.

Pilch, John J. *The Cultural Dictionary of the Bible,* Collegeville: The Liturgical Press, 1999.

Hareuveni, Nogah. *Nature in Our Biblical Heritage,* Jerusalem: Neot Kedumim, 1980.

강문호, 『성막으로 성경을 말한다』, 서울: 한국가능성계발원, 1998.

최명덕, 『유대인 이야기』, 서울: 두란노, 1999.